思想觀念的帶動者

文化現象的觀察者

本土經驗的整理者

生命故事的關懷者

心靈工坊 PsyGarden

Caring

生命長河，如夢如風
猶如一段逆向的歷程
一個掙扎的故事，一種反差的存在
留下探索的紀錄與軌跡

爸道

MY FATHER BEFORE ME

影響一生的父子關係

How Fathers and Sons Influence
Each Other Throughout Their Lives

Michael J. Diamond
邁克・戴蒙德——著
孫平——譯

目次

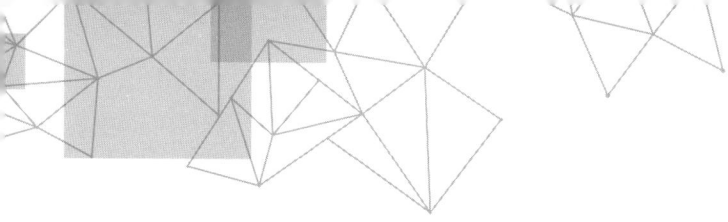

【推薦序一】

勇於表達關愛，療癒你內在神聖的國王

鐘穎／心理學作家、愛智者書寫版主

有多少為認同所苦的孩子，可能就有多少同樣困惑的父親。

當工業時代將男人從土地送進工廠，商業時代將男人從工廠送進辦公室時，父子間的隔閡最終演變為嚴肅的父親議題，父不知如何教子，子不知如何敬父。迷惘最終成為了時代的通病。

這個時代病的最大徵兆是無意義感，進一步衍生為職業角色的難尋、親密關係的恐懼、以及激情的國族主義認同。激進的黨派理念與強調對立的政治思想因此成為了替代的父親。

現實中的父親或者當個甩手掌櫃，不管不顧；或者拒絕站在孩子的對立面，只想當孩子的聖誕老公公。無論是何者，這時代的父親都被迫落入管教的兩極。其所反映的，是現代社會對父性或父親角色的認識貧弱，已經到了病入膏肓的地步。

不僅是民眾，即便是心理專業人員或教養專家，也不見得了解該如何成為一個男人或父親。因為對母性及母職的討論如汗牛充棟，對父性與父職的研究卻如鳳毛麟角。

【推薦序一】

勇於表達關愛，療癒你內在神聖的國王

《爸道：影響一生的父子關係》用四次的「分離—個體化」階段詳細說明了父子關係的變化，強調了父子間「彼此」的形塑作用。我之所以對彼此二字加上引號是要說明，父子間的互動不僅是父親形塑了兒子，兒子也會同時形塑父親。

這本書最衝擊讀者之處，就在於作者邁克．戴蒙德（Michael J. Diamond）讓我們明白，父親並不是一個疏遠而陌生的角色，事實上，他終其一生都會同時受到自己父親與兒子的影響，從而將「父親」一詞所代表的價值觀給傳遞下去。

男人都在綿延不斷的父子關係中滾動修正，我在孩子身上看見自己，又在自己身上看見我的父親，即使父子間的職業傳承早已不如農業時代那樣普遍存在，但父子間的情感依舊有著千絲萬縷的聯繫。

這份聯繫常因為「男子氣概」而無法說出口，父子間的矛盾糾葛，是諮商室中常見的主題。雖然深度心理學經常用母性來形容無意識，但建立深度心理學的兩位重要人物，亦即佛洛伊德與榮格，卻都有著強烈的父親情結。他們對無意識現象的熱衷，或許矛盾地反應了他們對個人的父親議題有著必須加以解決的急迫動力。

想要當個「真男人」的願望如此迫切，以至於多數男性在成長的過程中總會囫圇吞棗地緊抓有害的男性文化不放，例如校園幫派、有濃厚厭女情節的網路社群、或者父權社會的陰暗面。

如果不去逞兇鬥狠，不去貶低女性，這些男性就不曉得該如何守護自己的陽剛氣質。這樣的

焦慮以及書中所說的「陽具自戀」會反覆出現，直到更整合性的男子氣概能發展起來。而一個願意承認錯誤與局限，肯展現與接納自身保護性特質的父親則是重要的支持角色。

但不是每個兒子都能有這樣的好父親。好險，改變與療癒自我的機會仍舊存在，人不僅可以透過學習而成長，也不需要很完美才能成為好父母。因為孩子會以其特有的方式療癒和教育父親，但前提是做為父親的我們願意被眼前的孩子療癒和教育。

在男人由兒子變成一位父親的過程中，他將經歷一系列階段的變化，從孩子成為英雄，從英雄變成凡夫，如果能熬過這段被稱為「中年之路」的日子，就有機會由凡夫成為智慧老人。

在這段旅程中，兒子會成為父親的嚮導。你陪伴他成長，他陪伴你走向無常。而後你會透過這一生的智慧留給他最後一項禮物，那就是，從容不迫地面對死亡。

我跟許多男性一樣，並沒有一位理想父親。但我們很幸運，可以透過這本書自我教育，看見自己受傷的父性。我會把它推薦給在父子議題中掙扎的每個人，因為本書是男人療癒內在神聖國王最具啟發性的作品。

希望每個父親都能勇於對自己的兒子和他人提供關愛，如作者所言，因為你的示範將使他無須激烈地捍衛自己的男子氣概。

願每個在成長中備感困惑的男性都能因此成為一個成熟的男人。

【推薦序二】

孩子就是鏡子，可以照見父親

曾奇峰／心理治療師、精神分析醫師

甲骨文中的「父」字——，是右手持棒的形狀。《說文解字》解釋為「父，矩也，家長率教者。從又舉杖」，意思是父親即規矩，可以手持棒子對子女實施教戒。古人造字，當真是全身心投入，用極簡的筆劃就呈現了父親的主要功能，數千年之後仍令人膜拜不已。

這還只是「父」字立意的表面意思。精神分析更在乎的是潛在的內容：持棒是為「舉」，表示棒子是懸空的，沒有落下；如果落下，那就是「擊」或者「打」了。一個「父親」不管以什麼理由打孩子，都是在以向孩子洩憤的方式掩蓋自己的無能——那個棒子本來是應該落在他自己身上的。時光流逝，文明也在長大。在這個已不是造字而是造AI的時代，我們知道了更多的父親的功能，以及如何才能做一個好的父親。在眾多的標準中，以下三點值得被特別關注：

第一，好父親能夠看見並接納自己內在未長大的小男孩，所以他不會通過巨大的外在成就來掩蓋小男孩的弱小和無助。在他跟孩子在一起的時候，他不害怕孩子氣的玩耍會動搖他不穩定的所謂男子漢氣概。而缺席孩子成長過程的父親就恰好相反：他們需要太多的金錢、地位和榮耀等，來彌補自己人格的發育不足。在這個意義上，孩子就是鏡子，可以照見父親人格的形狀和成熟度。

第二，好父親掙脫了「純爺們」的咒語，這個咒語暗示了一種絕不存在的「物種」，即只有陽性特徵而沒有絲毫陰性特徵的人類個體。很多被詛咒的男性，用酗酒、說髒話甚至鬥毆的方式來呈現「理想化」的自我形象，而更加隱蔽的方式是，對自己的溫情視而不見，賦予健康的愛以母性的特徵而加以排斥。殊不知，真正健康而美麗的人格，一定是雌雄同體的，這個世界上最美的藝術作品，莫過於英氣逼人的母親和溫情脈脈的父親了。

第三，好父親整合了成為自己和成為父親的衝突。這在哲學上是合理的。以主體間*哲學為基礎的精神分析理論和實踐證明，當一個人成為他自己的時候，就自動具有共情他人的能力，即主體性包含客體性。所以一個男人充分成為他自己的同時，也成了一個好的父親。我們因此不會被愛撕裂，這是造物主對人類的最大恩賜，需要永遠銘記和感恩。

那些「民間偏方」式的關於父親的說法，都需要被與時俱進的洞見重新審視。例如，父愛如山。這是一個比喻。作為文學描述，用比喻無可厚非，但是，如果用於描述父親的功能這樣抽

---

* 編註：intersubjectivity 在台灣通常譯為互為主體性。

【推薦序二】

孩子就是鏡子，可以照見父親

象的物件，比喻的模糊性和非完全對稱性就會有大問題。父愛如山想表達的是這種愛的厚重與穩定，但也可以被意識與潛意識識別為對父子或父女雙方的重負。我不知道，有多少父親因為無法給予如山父愛而逃避，以及有多少子女同樣因為如山父愛而受傷。父愛可以是輕盈的，像漫天飛舞、香氣襲人的花瓣雨，或者餐桌邊一個輕描淡寫卻意味深長的玩笑，或者山崩地裂時真假莫「辨」的淡定從容。我這裡也用了比喻，但願兩個比喻如正反物質相遇一樣走向湮滅，從此為人之父不再沉重。

還有「嚴父慈母」的刻板說法。嚴肅是對內心深處的輕佻、戲謔甚至色情的掩飾。或者說，當一個人無力把控自己豐富而激越的情感時，他就會選擇嚴肅，以不變壓制萬變。從關係上來說，嚴肅的父親幾乎肯定地在潛意識層面跟子女邊界不清，嚴肅是他在表面上採取的消除融合焦慮的措施。如果說抑鬱的母親是「無臉」（faceless），那麼嚴父就有一張恐怖之臉，可能變成子女一生無法驅散的噩夢。相信所有在臨床一線工作的心理諮詢師都會認為，這不是過於誇張的說法。

再要說到責任。當做為父親的責任被過多強調的時候，愛就被淡化了。這是用低級的精神內容替代了更高級的。愛有無限寬廣的疆域，它涵蓋了責任。我們甚至可以說，愛的能力不足的時候，才用責任來補充。太多的責任感也會破壞做父親的天然樂趣，使父親成了一種職業或勞役。沒有人願意看到，父親對自己好只是在盡責而已，因為責任多少有一點強迫與無奈，而愛是全然的自願，還有著從心底裡溢出的輕鬆與歡喜。

在好父親的標準中，可以再加上一條，即願意變得不一樣的父親就是好父親，因為這表示他的人格具有極其珍貴的特徵——靈活性。我會認為，讀著這本書的那個你，已經開放了自己的心門，願意讓跟以前不一樣的風雨吹進來，此時此地，你就是這樣的好父親了。

本書的譯者孫平博士，是我認識多年的朋友。他是受到了非常好的專業訓練的年輕精神分析師。我現在的生活樂趣之一，就是看孫平的微信朋友圈，絕大部分內容是他帶著兩個孩子有時優雅有時瘋狂地玩耍，沒有「舉而教之」。我知道我是在鑒賞一個可以垂范的父親，因為，套用《金剛經》的句型，他陪玩的時候不像是個好父親，所以是個好父親。

序寫到這裡，一個疑問在心中升起：一個男人是在有了孩子才成為父親的，這就意味著父親是孩子「製造」的，那到底誰是誰的父親呢？

二〇二三年五月三十日

於武漢東湖

【譯序】成為一個不退場的父親

孫平／本書譯者

於我而言，這是一本奇書。

雖然我個人本科學習翻譯專業，但我其實並不喜歡做筆譯。筆譯的過程枯燥、漫長且不能過多自主創造，對我而言曾是一種不大不小的折磨。比起口譯的那種即時性、現場感，筆譯的過程多少有些孤寂。

但我依然記得六年前拿起這本書開始閱讀時的那份激動和暢快。當時我的兒子剛剛降生，而我做為一個新手父親，從裡到外則充滿了無所適從。毫不誇張地說，正是邁克的這本書，讓當時的我獲得了一種穩定感和一份確信。

因為全書想表達的一個中心意旨在於：一個高度參與孩子成長的父親，不光可以影響和充盈孩子的一生，這個父親本人，也會在獲得父性的過程中，逐漸成長、成熟為一個大寫的男人。

這歸根結底是一次父親同孩子的相互成全，彼此成長。

但是，在十五年的心理諮詢師生涯中，我也見證過太多的父親缺席和不稱職。在中國執業的那九年時間裡，我逐漸熟稔了「偽單親育兒」這個詞；在美國執業的這六年裡，我看到了太多美國孩子，尤其是少數族裔的孩子，缺少並渴望著一個父親。如果說中美兩國之間有一個最相似的家庭結構性問題，那可能就是父親在孩子的成長過程中肉身抑或情感缺席問題。

我依然記得，曾經有一位拉丁裔的青少年男孩，坐在我的諮詢室裡，看似輕描淡寫地告訴我他對自己親生父親的失望——父親和母親離婚後，幾乎很少來探望；而他一旦出現，就會情緒崩潰，哭訴自己移民美國後的生活不易，壓力太大，以至於他自己也覺得對不起孩子，因此父親在兒子面前哭泣。

這位來訪者總結道：「你知道，我爸爸在我面前，比我更像一個孩子。」我想，在中國，這位父親應該可以被稱為「巨嬰」。

我們當然可以諷刺、批判，乃至鞭撻這些自己都沒有長大，因此根本為孩子提供不了父親職能的「巨嬰」男性。但在我的臨床經驗中，我也發現，在這些男性的成長史中，幾乎從來沒有人好好地教過他們，鼓勵且看見過他們的成長。更讓我震撼的是，多少「巨嬰」，他們自己的父親也是缺席，或者是失功能的存在。

因此缺席的父性，真的會代代相傳。導致一代又一代的孩子，內心懷揣著似乎怎麼也填不滿的「父親饑渴」（father hunger）。這些孩子哪怕長大以後，也會急切地希望有「師父」、

「貴人」、「前輩」來帶領、來指導，甚至保護自己，但又在一次一次的理想化破滅中，感到對男性權威的失望。

讀了這本書以後，你會發現：這些被守護、被指導、被陪伴的需要，幾乎全都是重要的父性職能——在孩子成長的關鍵期，這些職能不入場，那麼有些孩子終其一生都會變著戲法兒地去補償，去追尋，哪怕讓自己翻來覆去，遍體鱗傷。

所以我發心要翻譯這本書，因為我知道這是一個極重要的議題。

這本書不但讓我在一定程度上學會了做一個父親，更重要的是，它也讓我明白了在孩子（尤其是男孩）的不同人生階段，一個父親自己可以從育兒中「賺取的福利」——自身人格的逐漸成長、自身能力的逐漸完善、男子氣概的日漸充盈、對女性的逐漸看見和尊重……

長期以來，父親育兒被蒙上了一層義務感和責任性。實際上，學習成為一個父親，獲得邁克所說的「父性」（fatherhood）的過程，是一個男人在與孩子玩耍、學習、交流、相互欣賞乃至崇拜的過程中，不斷修通自身，讓自己更有主觀幸福感、充實感且獲得自身生命意義的過程。

你若想成為一個頂天立地的男人，那麼先把孩子頂在自己的肩膀上。

另外一個非常值得一說的點是：這本書裡所說的「男子氣概」，是一種整合了女性化特徵的男性氣質。一個男人，要想成為一個不退場的父親，一個大寫的男人，那麼他或多或少要看見、整合、接納那些傳統意義上被視為女性特質的品質：連結、愛、共情、悲憫……

整合這些特質會讓男人成為一個非常在場的父親，也會讓男人看見且尊重女性（尤其是自己的伴侶），還能讓這個男人充滿著因愛和悲憫而自然生成的堅毅性和守護性。我們的力量不光來自義務和責任，它更應來自由內而外真實的愛。

這本書的作者邁克．戴蒙德與我亦師亦友。在翻譯的過程中，我不斷地與他溝通，向其請教，請其澄清。雖然新冠疫情期間，我們兩家哪怕只相隔四十分鐘車程，也只能苦於在網上相見，但每一次相見我都收穫極豐。

就在一週前，我們終於在洛杉磯的疫情緩和下來後，第一次線下見了面。我把我的妻子、兒女全都帶去拜訪了他和他太太。我的妻子第一次見邁克，她告訴我對他的印象——「第一次見到一個男性，帶著有如女性般的溫和」。我當時心裡想著，但沒有告訴妻子的是，其實這個領域裡很多的高手，都有著雌雄同體的特質。

其實能夠走到寫譯者序這一步，我最想說「謝謝」的，是我的妻子。她直接翻譯了這本書的兩個章節，但她認為這是在我成為父親的路途上很重要的一本書，因此堅持要求不署名。在翻譯這本書的過程中，我最最愉悅的體驗，就是在小咖啡館裡，和妻子兩人一同商量如何翻譯才能做到「信達雅」，如何遣詞造句才能呈現出我們深愛的中文的美，但又不失作者本意之過程。我們一起完成了這本書的翻譯。沒有她，筆譯會像我開頭說的那樣，是一個枯燥且孤寂的過程。但實際上，這個過程愉悅、辛苦，且一直被陪伴著。

最後，我想用自己曾在公眾號裡寫過的一段話，來為這篇譯者序結尾。我知道哪怕不可能全然如願，也願天下人都有一個足夠好的父親，或者有一個哪怕不是父親卻也能懂你、愛你、守護你的人：「所以父親們，『活下來，活下去』（be alive and stay alive），在孩子的童年，不死亡，不退場，熬過生活的艱辛，熬過妻子從對你向對孩子的情感轉移，熬過孩子對你的親近和依附，熬過他們對你的理想化，熬過他們的憤怒，熬過他們的失望，熬過他們把你一會兒視為神和一會兒視為蟲的戲劇性起伏，最終在他們心中成為一個普通的卻深愛著他們的老男人。

你還站在那裡，你還堅韌地存在著，because you are a FATHER。」

二〇二二年十月十三日
於加州洛杉磯

獻給我珍愛的家庭成員：我的妻子琳達（Linda），以及我的孩子瑪雅（Maya）和艾利克斯（Alex）。是你們讓我的生命充滿了活力。

同時，以此紀念我深愛的父母，莫·戴蒙德（Moe Diamond）和伊萊恩·戴蒙德（Elaine Diamond）。

我樂於與垂暮之年者交談，因為他們已走過那條我們必將走的路。對我而言，我可以從他們那裡看到那條路的模樣，看看它是艱難的險路還是輕鬆的坦途。

——柏拉圖《理想國》中蘇格拉底之言[1]

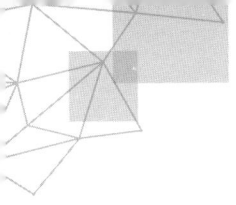

引言

直到十七歲那年，我還一直在打青少年棒球聯賽。在那個年齡階段，大多數孩子的父親已經不再來觀賽了，即使他們之前經常定期參與。男生們開始覺得，如果自己這麼大了父親還來學校拋頭露面，那可就太不酷了。我瞭解我的父親，當時他只不過是想坐在露天球場看我打場球，而且還是他曾經點燃了我對棒球的熱愛。但因為我需要保持自己的獨立性，所以我當時執意讓他待在家裡，不要過來。如果他在場，我想我沒辦法忍受那種尷尬。似乎他的出現會使我顯得沒那麼成熟。

一天下午，在經歷了一場讓人特別激動的球賽後我回到家中，父親問我打得怎麼樣，我用那種典型的青少年的口氣隨意回了句：「蠻好的。」

「我聽說有一輪你打出二壘安打了。」他說。

「咦，你怎麼知道的？」我突然懷疑地問。父親表現出明顯的慌張，他結結巴巴地說自己剛好碰上教練，但我知道他在撒謊。

「我看了比賽。」他終於承認了。

「怎麼看的?」我窮追不捨地問。那天看臺上只有稀稀疏疏的觀眾，他不可能坐在看臺上。

「呃，靠近左外野手的護欄後面的灌木叢裡，有個缺口來著……」他說。

「待在那裡可以看比賽，但你看不見我。」

聽到他的這個回答時，我嚇呆了。除了震驚以外，對於他的冒犯，我感到憤怒，甚至是暴怒。他怎敢不尊重我的隱私！為什麼窺探我?!當然，我不得不承認，我當時對於他見證了我的出色表現，內心有一部分還是竊喜的。我也感激他採用了一種不讓我知曉的方式見證了這一切，儘管一想到他在我身邊鬼鬼祟祟我就有些不自在。當時的我還真搞不懂為什麼自己會有這麼多強烈的、自相矛盾的情緒，更不用說去應對它們了。於是像大多數遭遇這種情形的青春期男生一樣：我封閉了自己。

直到今天，當我也成了一個青春期男孩的父親時，我才充分理解父親當年內心的矛盾：他必須在尊重我的隱私需要和看我們兩人都深愛的球賽之間做出權衡。我兒子現在也忙著跟我劃定界限：看看什麼要與我分享，什麼不要。所以直到今天，我才可以體會到父親當時的那種矛盾心情。

我現在完全理解我的父親，並且深深地感激他當時所做出的充滿愛的努力：他既尊重了我的隱私，又見證了我的成就，從未缺席。

我只是希望他今日依然健在，這樣我便可以親自向他表達我的理解與感激。我還想問他一個問題：「你是怎麼做到的？」我只是想知道，他怎麼發現並尊重我的需求（做為一個青少年從家庭中分化），同時又理解：我仍然很想做為這個家庭的一分子。還有，他當時是怎麼感知到我既渴望獲得他的欣賞和尊重，又希望保護自己的獨立和隱私的？

今時今日，我不但是一個父親，而且還是一個精神分析師。我廣泛地研究人類的發展，在治療病人的臨床實務中以及見證自己孩子成長的過程中，我仔細觀察過這種發展。我終於認識到：我的父親之所以可以看到我身上那對相互矛盾的需要（既渴望獨立，又希望保持連結的需要），是因為他自己在做男孩的時候，也經歷過同樣的矛盾。

我可以肯定，就像我自己一樣，這兩種需要也曾存在於他身上，兩種需要雖然有衝突，但是任何一方都不能把另一方抵銷。他識別出自己曾經的內在衝突，這使得他起碼在棒球賽這類事件中，可以做一個承受得住我的憤怒和失望的父親。他知道我當時生他的氣，也知道我排斥他，但他沒有往心裡去，因為沒往心裡去，他就不會想要報復，又或者讓自己沮喪抑鬱，並因此退出我的生活。相反地，他做為一個父親，在我的生命中一直在場。他的這種在場，今時今日又讓我自己做為一個父親在面對兒子的過程中，同樣成為一個不退場的榜樣。

既渴望認同，又渴望分化；既可以回頭理解自己的父親，又可以向前展望去想像自己兒子未來的生活。這一系列複雜的互動和情感的交流，構成了父子關係的核心。

毫無疑問，儘管人類父子之間的情感紐帶會一直存在，但是一般說來，隨著時代的變遷，父親與孩子間的連結的力量和親密度還是會有增減的。比如曾經在農耕社會，父親通常會高度參與孩子們的生活，充當他們的老師、指導者和引領者。但是父親的參與程度隨著十九世紀中葉工業革命的到來開始逐步下降。一個家庭從農村搬到城市之後，男人就必須離開家去外面工作，結果，他在家庭中的影響力就會下降，以至於到了第二次世界大戰結束時，人們已經很少再把父親這個角色，視為一個對孩子健康成長有益的因素。相反地，父親這個詞開始變得有些臭名昭彰，因為他們的缺席，因為他們對孩子的破壞性影響。他們要嘛施暴，要嘛忽視孩子，要嘛過早離世。很多人告訴我，他們已經不再記得還有「成功的父親」這檔事了。[1]

高效能的父親不僅退出了大眾的想像，實際上他們也從專業文獻中消失了。學術文獻大量記錄的是母親、母性，以及她們對於孩子的影響。社會科學家都不自覺地貶低父親角色，對父親的研究嚴重匱乏。即使在今日，我們每每提起父親，也只是聚焦於一些具體且外在的東西：幫忙換尿布，去開家長會，教孩子踢足球，當然還少不了電影裡爭奪孩子監護權勝利後的場景。與此同時，一些更重要的議題卻乏人問津，如一個男人成為父親，會發生怎樣的改變？一個男人成為父親，會對他的伴侶產生什麼影響？一個男人成為父親，會對這個男人與他自己父親的關係產生什麼影響？父親和兒子，彼此對對方的感覺到底怎樣？一個男人，在成為父親的過程中所產生的情緒，如希望和害怕，歡樂與痛苦，到底是怎樣的體驗？直到今日，這些議題大都乏人問津。

每當父親出現在文學或者心理學文獻中的時候，作者總是**象徵性地**讓他們過個場，並未將他們對兒童發展的實際正面影響當回事。父親的現實參與（父親對孩子的生活能夠產生，並且也確實產生了豐富且深遠的影響）統統都被忽略掉了。這種忽略造成了很多讓人不快的後果。其中之一就是我們的社會極度輕視父親的積極貢獻，從此母親對孩子的發展負全責－只要父親不壞到極點，孩子的成長就沒他什麼事情了。

所幸，我們輕視或者忽視父親影響力的趨勢，因為下列原因，在二十世紀七〇年代後有了改變。隨著女權運動的萌芽和女權理論的發展，社會開始發生翻天覆地的變化。當女人成群結隊地湧入職場，雙薪家庭開始成為家庭常態以後，男人在育兒方面也不得不變得更為積極，這使得男女之間的性別角色劃分不再那麼僵化。與此同時，產科和兒科的發展也使得父親可以更直接地參與妊娠、接生以及新生兒護理的過程。比如拉梅茲自然生產課程（Lamaze natural childbirth）在這個時期就廣受歡迎，這個課程鼓勵丈夫做妻子的懷孕教練，而且還會訓練他們的助產技能。最後，多虧了行為和心理－生理學觀察技術的進步，研究者得以真正開始考察父親與孩子之間情感連結的重要性。

今天，我們承認父親在兒童養育過程中所扮演的獨特且必要的角色。父親並不單單是幫母親打打下手、做個替補那麼簡單，他和母親的角色本就是高度互補的。他是一個男人這個簡單的事實和他所懷揣的父愛，將對孩子產生一種重要的影響。這種影響會從妻子的懷孕之日開始，一直延續到父親本人過世，甚至延續到孩子過世的那一天。要知道，即使孩子沒有父親，他們也能感受到父親的影響。這是因為他們會根據現實和自己的想像，以及存在於家族和文化中的傳說，來創造一個內在的父親形象，並被這個形象影響一生。

上述所言皆為常識，至少對處理父子關係的專業人士而言是常識。不太為人所知的是：不僅父親會深刻地影響兒子，兒子也會影響父親。這並不意味著父親和女兒之間沒有重要的相互影響，他們有。然而基於生理、文化以及心理上的多重原因，父子關係會顯得尤為錯綜複雜。父子間獨特的情感連結，自然緣於他們兩人都要互相認同彼此的男性身分，也就是說緣於他們生理上的相似性。這種強烈的**相互認同**（mutual indentification），會使得父與子在彼此生命的歷程中相互影響，表現尤為複雜多樣。

我的研究表明，父子關係的發展會跨越某些特定的發展里程碑——從嬰兒期到學步期，從童年期到青春期，從成年早期到中年，父子間的互動會經歷一些嚴峻的考驗。一方會全方位地影響另一方。但我們需要明白一點：在一段錯綜複雜的父子關係當中，影響總是相互的而非單向的。所以在理想的狀態下，父子二人會一同成長和發展。

根據這種理解，成為父親，做為一個男人生命之中最大的挑戰之一，絕不只是他生活的一個分水嶺事件那麼簡單。在成為父親的過程中，這個男人會影響他兒子的發展，與此同時，他的兒子也會促使自己產生相應的蛻變，這是一個複雜的互動系統。在生命中的任何一個階段，父與子都要各自處理自身的發展議題，但他們的關係又是如此獨特，以至於兩人可以相互促進對方成長，攜手進入下一個發展階段。

在本書中，我自始至終都會探討父親在兒子成長過程中所扮演的角色，與此同時我也會描述在兒子發展的過程中，父親有哪些成長歷程也將被開啟。我將追隨父與子的生命週期，看看他們是怎樣合作的，又是怎樣彼此爭鬥的。為了考察這種特殊的人類關係的複雜性，我將尤其關注父子兩人在各個成長階段，在彼此的影響之下產生的各種內在情緒體驗。[2]

將一個人的生命分成若干階段，難免有武斷之嫌。一個人成長的重要標記和里程碑，如果像清單一樣被列出來，總歸會有侷限。因為這是理論，但人不是理論。每一個活生生的人，其人生軌跡都是獨一無二的。然而，為了開啟父子終生相互影響這個主題，我仍然需要把某些發展階段，以及各階段中父子各自的角色特點進行些許概括。

比如，為了保護嬰幼兒，父親要承擔起一系列新的責任，而且得重新定義何為真正的「男子氣概」（masculinity）。為了把自己的兒子帶入一個更為廣闊的世界，男人要領會什麼是「他者」（otherness），即認識到他人有與自己不同的存在方式，而這種認識，正是同理心（empathy）的基礎。當男孩需要把父親當作自己的榜樣並學習其行為時，男人則需要及時地發展出父權意識及個人責任感。當男孩開始進入「伊底帕斯階段」（oedipal stage）時，父親要學會面質、涵容，以及更為恰當地表達自己的「困難情緒」，尤其是憤怒、嫉羨（envy）、妒忌（jealousy），以及競爭性。在兒子進入學齡期（上小學的階段），父親則需要發展出教育和指導的能力。青春期男孩的父親則要學會如何「坐雲霄飛車」（學會如何在兒子對自己時而認同，時而貶損的起伏過程中維持自己情緒的穩定），還要學會如何管理自己人格中脆弱的部分。當男孩步入成年早期後，父親要學會「放手」（letting go），要學會在兒子飛速成長的自主性面前，放下自己的權威——即使這會讓自己明顯體驗到失落。做為一個成年男人的父親，他需要學會直面自己的依賴需要，還要想方設法為子孫後代留下一筆可被他們銘記的精神財富。最後，一個父親要學習面對和接納自己的死亡，而這通常也是在年長的兒子的幫助下完成的。

在這段生命歷程中，一個積極養育孩子的父親，通常也會與父母和解，有機會與父母完成一些未解決的事件（unfinished business）。透過成為一個父親，通過持續性地養育孩子，一個男人會經歷情感、心理、品德甚至是身體面貌上的改變。精神科醫師及作家凱爾・普魯厄特（Kyle Pruett）的研究表明：通常參與度高的父親情感會更加豐沛，頭腦會更加靈活，思想會更加開放，並且身體會更加健康，壽命也會更長。[3]我相信，隨著時代的進步，父親和孩子之間的相互影響會變得越來越明顯，越來越深刻。

做為一個私人執業的心理治療師、伴侶治療師，以及專門研究父子關係的精神分析師，我汲取了自己超過三十年的工作經驗寫就本書。這本書的內容以我的臨床觀察和研究發現為基礎，輔以大量的個案材料。早在二十多年前，我就開始考察男人在成為父親的過程中產生的焦慮、夢境，還有希望。之後數年，我對為人父會如何塑造男人的男子氣概這個主題進行了研究。之後不久，我又致力於理解父親在兒子一生的生命週期中所產生的具體影響；然後反過來，再研究兒子會怎樣影響父親的發展。二〇〇〇年左右，我的研究聚焦於理解父親怎樣幫助兒子塑造靈活且健康的男子氣概，而這種男性身分認同（masculine identity）在一個男人的一生之中又會如何轉變。[4]

我對父子關係的各種形態及其益處的探索，還有我對性別角色的探討（即一個「男人」意味著什麼），基於一種關於「男子氣概」的新視角——這種視角最近才出現在美國人對性別和性特徵的主流論述當中。之前學術界涉及男性性別的探討往往容易落入兩端：一端視男子氣概為生理所決定，由物種演化傳遞下來，因此是無法改變的；另一端則視男子氣概為社會所建構，由環境和文化所創造，因此是變化無窮的。我的目標是避免執此兩端，取中道而探索，即摒棄非黑即白的思維，採取兼容並蓄的態度。

在美國文化當中，所謂的男子氣概必須要經歷一次又一次的社會檢驗，只有個男兒身可不夠。追本溯源，視男人為男人最重要的標誌就是：他不是個女人。所以做男人，有時不得不變成一場零和遊戲：一個被視為有男子氣概的男人，不得不磨滅自身所有的女性化特徵。鑒於此，本書所認定的男子氣概，則植根於下列理念，即一個真正的男人，需要承認和接納屬於自己的所有面向，這也包括將那些被社會界定為「女性化」的特質，視為自己男子氣概的固有組成部分。

需要強調的是，我在這裡並不只是想提出一種「更友善、更溫和」的男子氣概定義。一個男人並不需要在自己身上掛個奶瓶，假裝給寶寶餵奶，來確認自己的女性化特質，但他也不需要在肩上扛一把突擊步槍巡山，或者時不時秀一秀肱二頭肌來證明自己是一家之主。與這些各執一端的視角不同，我認為一個有男子氣概的人，可以接納這樣一個看似矛盾的心理現實——終其一生，他所體驗的男性化和女性化特質都會纏結在一起，無法全然分離。

我在本書中的見解來源廣泛，它們來自我做為一個精神分析師和心理治療師對自己病人的傾聽；來自我與其他分析師同事以及相關研究者的交流；來自該領域的主要理論家（如佛洛伊德和溫尼考特等人，也包括現代學者）對於為父之道和男性發展等主題的研究結論；來自我周遭生活中所能觀察到的普通父子的互動，這也包括我在孩子的班級旅行中以及棒球場上與其他父親的對話，這些父親來自不同的社會經濟階層，很多人這輩子都沒進過心理治療師的辦公室。最後，這本書反映了我自己在做兒子、做丈夫以及做父親的過程中，對這些生命角色所產生的寶貴的理解和體驗。

我們對於父子之間獨特連結的理解仍在發展和演變。我寫這本書，正是希望盡自己的一份綿薄之力，以推進、普及這些正在被緩慢積累和拓展的知識。同時我也希望激發閱讀這本書的男性讀者，促使他們以一種嚴肅的態度、堅定的決心進入父親這個角色。[5]實際上，為人父是一種召喚，他們需要聽從這種召喚，從而開啟一段全新的內在旅程。他們將與自己的兒子一同開啟這段旅程，最終兩人也將共同成長。在此旅程中，我們終將理解威廉·華茲華斯（William Wordsworth）那句智慧箴言的含義——「是孩子，造就了一個男人」。[6]

第 1 章

積極準備：將為人父

汝兒五歲為汝主，
十歲為汝僕，
十五為汝分身，
其後或為汝友，或為汝敵，
悉決於汝所養。

——哈斯代．伊本．克雷斯卡斯（Hasdai Ibn Crescas）[1]

和成為男人一樣，成為一個父親絕非易事。我們知道，成為父親太容易被一個狹隘的、可觀測的事件所界定。大多數時候，在這個男人的女性伴侶生下兩人的孩子以後，我們就認為這個男人已「成為」一個父親。是不是很簡單？至少看上去很簡單，對吧？然而實際上，「成為父親」是一個相當漫長、微妙且十分複雜的發展過程。

事實上，成為父親這個過程早在妻子分娩之前的懷孕階段就已經開始了。一個女人的母性可以追溯到她還是女孩的時代，女孩會希望變成自己的媽媽，她從小就可以透過某些象徵性的撫育行為，體驗到一種創造新生命的母性渴望。同樣，一個父親與新生兒之間的依戀關係也可以追溯到這個父親的男孩時代，追溯到他在兒時就已萌芽的父職身分認同（paternal identity），這種認同源於他的本能、願望及其父母的撫育行為的影響。

和母性相似，父性也有其心理、生理基礎，我們可以稱之為「父性本能」（paternal instinct）。「本真的父愛」這個詞就是用來描述父性的本能基礎的：男人將來建立父子連結，成為家庭需求供應者，就基於這種本能。[2]父性的本能基礎還表現在父親對新生兒的「全神貫注」上，這是父親對新生兒產生的一種全身心關注，甚至是著迷的特殊意識狀態，它會讓父親有一種自身生命被擴展的體驗。[3]

父親還可以與新生兒達到一種「生物週期同步」（biorhythmic synchrony）的狀態，這是一種和母性相似的同理共感撫育狀態。在這種狀態中，父親表現得好像會把自己的寶寶「吸收進自己的身體」一樣。[4]我們常常可以在小男孩照顧自己的第一條小狗、小烏龜甚至小金魚的時候看到類似的撫育態度和行為。如果一個小男孩的父親也積極地參與進對他的撫養中，那麼這個小男孩就會萌生更多的父性。

遺憾的是，人們通常只會把懷孕視為母親一個人的事，我們會看重她懷孩子的獨特體驗。我們相信母親在心理和生理上為懷孕所做的準備會對寶寶產生深遠的影響，這些都沒錯。但與此同時，如果我們認為一個男人在妻子產前所做的準備對寶寶的影響可有可無，那麼就大錯特錯了。大多數人都沒有發現這樣一個事實，即一個男人與他孩子的關係，其實早在孩子出生以前就已經建立了。一個父親的存在，會對妻子的懷孕和孩子的最終降生產生深遠的影響！另外需要指出的是，妻子懷孕，其實也會對準爸爸本人產生很多意想不到的影響，這甚至會使他在這十月懷胎的過程中，和妻子一樣擁有很多重要的個人體驗。

我以前的一位病人吉斯很早就發現了這一點。吉斯七歲的時候，他的妹妹降生了。他的爸爸是一個職業音樂家，據他回憶，此人「永遠不在家」。當妻子梅告訴吉斯懷孕消息的時候，他簡直欣喜若狂。小倆口一直希望擁有一個完整的家庭，所以當這個願望終將實現的時候，吉斯開心得難以自持。他把這個消息告訴了自己認識的所有人，儘管梅提醒他在頭三個月要保持低調，但是對有孩子的生活的幻想，仍一直佔據著他的腦海。

吉斯早就料到，這個新生命會在降生以前就改變他和妻子的生活，但除了自己的父親以外他沒有其他男性榜樣，所以他壓根沒想到：梅的懷孕會嚴重影響自己的日常習慣。他以為自己仍然可以不用操心家裡的事，照常去上班，吃梅準備的晚餐，週間工作的晚上出去和朋友們玩到很晚，當然還有週六早晨打壘球。但是，當梅孕期的疲倦感和強烈情緒波動達到頂點時，吉斯開始感到害怕，害怕寶寶當真來到的那一天，自己的生活到底會變成什麼樣。他開始感到從此以後不只是要對自己負責了，他擔心自己的生活會被進一步壓縮——我不會要放棄自己的壘球比賽吧？或者更殘酷的是，我不會要自己學做飯吧？

吉斯和我討論了他的焦慮，在交談的過程中，我們都注意到了他本能的親職照顧功能正在起作用。他很快就意識到：在這個階段幫助梅擺脫困境很重要——幫助她，就是在為孩子的到來搭建舞臺。他看到自己的妻子在孕期是多麼需要自己，她在孩子降生以前甚至比之後需要更多的説明！因此，他自願在週六的早上待在家裡，他們會一同坐在沙發上讀報紙，而且會計畫當天晚上的活動。他甚至還自學了一些簡餐的做法，家務做得也更勤了。

跟我一起工作的時候，吉斯表達了自己的內心矛盾：一方面，他明白在梅的孕期和生產以後幫助她是必要的，即使他要為此做出一些個人犧牲；另一方面，他也害怕自己不再像以前那樣「爺們」。不過好在妻子懷孕帶來的改變，最終讓吉斯蛻變為一個更好的丈夫，而且這個過程也為他將來成為一個溫柔體貼的好爸爸打下了基礎。在兒子最終出生以後，吉斯語帶挖苦地說：他現在已經不擔心自己是不是個「男人」了。他現在可以驕傲地宣稱：男人只有在真的做了父親以後，才算得上是個嶄新的「男子漢」。

總而言之，經由調整自己和更加專注地照顧妻子，吉斯意識到：他現在照顧梅，實際上就是在照顧兩人將來的孩子。與此同時，妻子的懷孕過程反過來也改變了他。透過照顧妻子，吉斯直接參與到懷孕的過程中。為了照顧妻兒，他不惜犧牲自己的需要，用實際行動改變了自己從父親那裡觀察到的「父親退場」模式。所有的這些努力，讓吉斯對什麼是真男人，什麼是好父親，甚至怎樣才算是一個更加完整的人，產生了比以前深刻得多的認識。他正在成為一個父親，這毫無懸念。

做妻子的「情緒教練」和「代理人」

通過和妻子一起學做一些新的事情，比如像吉斯一樣承擔更多家務，一個男人在妻子懷孕期間其實可以成為一個更加優秀的丈夫。優秀丈夫的一個重要表現，就是在孕期承擔甚至接管妻子之前所做的一些事務性工作。也就是說在這個階段做一個妻子工作的「代理人」（delegate），以至於最終成為這個家庭的「發言人」（spokesperson）。這樣的話，孕期的女人就可從外在世界的各種責任中抽身回來，更多關注在這個階段身心所需要得到的照料和看顧。另外，對很多男人而言，做妻子的代理人也意味著要直接且及時地緩解平時妻子的首要壓力。要知道在這個階段幫助妻子緩解壓力，從長遠來看，會讓所有人受益。一個丈夫理應幫懷孕的妻子擋住外在世界的衝擊，使她免受侵擾，這就是在保護她腹中的寶寶。

舉個例子，亞特是我帶領的準爸爸團體中的一員。一天晚上他和懷孕六個月的妻子喬安一起從電影院走出來，恰好碰上了喬安平時的一個點頭之交。怎知這女的就逕自走向喬安，一把手放在喬安的肚子上就開始摸，邊摸還邊說：「我說怎麼這麼久沒看見你了，現在我知道了！你看你這肚子都多大了！」喬安平時就是一個不喜言辭的人，而且討厭身體接觸。實際上，在懷孕以後她變得更加厭惡隨意的身體接觸，因為這會打破她的身體界限感。亞特之前就知道喬安如果碰到這種事一般很難開口表達自己的不適，而且身處孕期的她變得更加關注內在，當下就更不會表達自己了。雖說此刻喬安還對著這女人禮貌性地笑了笑，但亞特知道她現在內心應該在哭才對。他感受到了一種強烈的保護妻兒的欲望，於是他輕輕地挪動了一下妻子的身體，那女人的手也就順勢從喬安肚子上滑落下來。

「謝謝你的好意，」亞特開口了，「蠻高興遇到你的，但是我們正準備回家，再見囉……」說著，亞特用手摟住了老婆的肩膀，帶著她離開了。透過這種簡單但有力的方式，亞特充當了妻子的代理人。他看出了喬安的需要，而且在她無力表達的時候幫她表達了出來，這樣就讓她可以免受那女人的干擾。亞特識別出了妻子的內在體驗，這使得他可以在她無助且無力表達的時候，幫她表達。所以，亞特在孕期的新角色，就是在必要的時刻充當妻子的喉舌，幫她說她想說的話，做她想做的事。

男人在妻子孕期還會發展出另一個不太為人知的角色，那就是他會逐漸成為妻子的「情緒教練」（emotional manager）。也就是說，他會學著承擔、承接、涵容以及調節妻子的焦慮和情緒，從而使她得以全神貫注地聚焦自己腹中正在成長的胎兒。

讓我們來看看希拉的例子。希拉懷孕八個月，有一天她在報紙的科學專欄裡讀到一篇文章，討論鮭魚的汞含量上限問題，這篇文章還討論食物含汞是否會對胎兒有害。沒想到這一讀就不可收拾，希拉接下來的一整天時間都在網上求證此事，以至於到老公大衛收工回家的時候，她整個人都快被嚇傻了。她又急又氣地告訴大衛：自己每週上班吃的都是鮭魚三明治，這會不會已經傷害了腹中的胎兒？

第二天上班的路上，大衛把同一篇文章讀了一遍，他自己也害怕。昨天晚上因為希拉的焦躁不安，搞得他自己也沒睡好，他心裡也充斥著其他一些焦慮，而這些焦慮統統指向一個問題：自己和希拉的孩子會不會正常健康地降生？但是他知道，希拉本人已經夠焦慮了，所以在這個節骨眼上，他必須要自己消化自己的恐懼。消化好了之後，他再平靜地打消老婆的疑慮，跟她說「你每週吃的三明治裡的汞含量，比那篇文章裡討論的汞含量低得多。」然後他一再重申所有醫生對他們兩口子的判斷——因為他們相對年輕而健康，所以生個健康寶寶的機率是相當大的！

大衛知道，他不僅要控制住自己的情緒，而且需要「抱持」住希拉的情緒，不能讓她被那些媒體炒作出來的焦慮給壓垮。在大衛做為一個情緒容器，成功地涵容兩人的焦慮之後，小倆口都感受到了輕鬆，而且獲得更好的隔離恐懼的能力。

通過承擔這些角色，男人會與懷孕的妻子建立起一種特殊的同盟關係。在這種夫妻同盟中，隨著兩人不斷向共同目標靠近，他們的親密指數會因彼此之間強烈的「同理性聯結」（empathic bonds）而節節攀升。在孩子出生的那個階段，男人就不必再像之前那樣高強度地扮演代理人和情緒教練的角色了，因為妻子在懷孕期間超強的身體負荷大部分都會得到緩解。*

---

* 譯者註：一般美國人沒有「坐月子」的概念。

但是，經過這些角色的試煉，他已經成長為一個更加主動、更懂得支持妻子的丈夫。這種基於情感理解之上的親密同盟，會夯實丈夫和妻子之間的關係，也會為寶寶的降生搭建一個基礎平臺——要知道和諧的父母關係，才是真正讓寶寶「贏在起跑線上」的必要因素。我把這個基礎平臺稱為「養育聯盟」（parenting alliance）：這是一個由共同的目標，在求同存異基礎上建立起來的聯盟。它的存在，會貫穿孩子發展之始終。

準爸爸要有創造力

很多準爸爸傾向於只是把自己界定為「大事件」的見證者，說白了，也就是只有旁觀老婆懷孕的命。當然，不少男人會得意於自己讓老婆受孕的能力，要知道這可是他們最重要的創造行為。不過，孩子並不長在他們肚子裡這個嚴酷的事實，過不了多久就會把他們那些個毫不掩飾的小得意給沖刷掉。但是只能做旁觀者這個事實，確實會讓男人體驗到嫉妒，以及一種被排除在外的感覺。不僅如此，純生理的原因決定了無論男人怎麼努力，女人總會比他們更快更深切地感知到兩人的寶寶。

因此，儘管男人聽到老婆懷孕的消息後可能會感到興奮、欣喜，也會為老婆感到開心，但他們在身體層面上，卻完全體會不到懷孕是什麼滋味。這是一個生理學上的事實，但也正是因為這個原因，美國文化常常不鼓勵男人高度參與懷孕過程——也就是說，他們不能過於受影響。他們在一定程度上要保持置身事外的狀態。在心理學家傑洛德·夏皮羅（Jerrold Shapiro）的著作《當男人懷孕時》（*When Men Are Pregnant*）中，他指出男人在孕期經常處在一種「兩難境地」：人們會鼓勵他充分參與妻子的懷孕過程，而與此正好相矛盾的是，人們有時又會把他視為局外人，什麼事都讓他自己去消化。[5]但是你又聽說過幾個男人對自己當局外人有怨言呢？如果有，應該也是很少吧。這恰恰說明美國社會其實並不鼓勵男人質疑自己在妻子懷孕過程中的局外人地位。事實上，文化中有相當大的壓力，讓男人完全不要管懷孕這件事。男人只要在孕期幫妻子打打下手就好，至於這些大男人們，在這個階段自己的心裡會產生什麼微妙的變化，那就更不會在意了。

有鑒於此，我必須要指出這樣一個事實，這是一個無論對父親還是母親，抑或是對未出生的孩子而言都極其重要的事實：雖然寶寶長在媽媽的肚子裡，但是爸爸在理性和感性層面上都應該要清楚——自己在孩子的孕育、成長和發展過程中所扮演的角色的分量，絕不會比媽媽輕！因此，丈夫做為妻子懷孕之前在身體層面上最親密的夥伴，在妻子的孕期也一定要想辦法轉化自己的嫉羨、失落，還有那種被排除在外的感覺。一個父親要成功地將這些破壞性的情緒轉化為更具有社會價值的情緒。與正在創造生命的妻子一樣，男性在這個階段也要找到獨屬於自己的創造性體驗，雖然這是一種截然不同的創造。大多數的男人通過創造，可以轉化自己在老婆孕期產生的各種負面情緒。

我認為，丈夫只有找到積極健康且具有建設性的方法來表達自己的創造力（當他們能夠親眼看到自己花體力和心血所創造的東西），才會有能力撇開那些對家庭運行有破壞性的情緒力量，如無助、沒價值、被驅逐感，以及強烈的妒忌。此外，我認為父親只有在找到了合適的方法來滿足自己的創造性需要之後，才能在妻子孕期結束、孩子降臨的那一刻，以一種真誠坦蕩的心態與她分享那份驚異與喜悅。[6]

在我的諮商個案以及我所帶領的準爸爸團體中，我遇到很多男性，他們都找到了創造性的方法來緩解自己的負面情緒。比如山姆，他在銀行工作，但因為從小就跟著爸爸學木工，所以木工現在成了他的興趣愛好，於是他便在自家地下室裡弄個木工作坊。在老婆懷孕期間，山姆會等到妻子上床開始讀書以後，再回到自己的小作坊，他要在那裡為自己的寶寶做一個搖籃。弗蘭克是一個電腦程式設計師，他一旦有空閒時間就會為自己寶寶編寫程式，盼望著將來有一天可以用這個小程式來輔助教育寶寶。胡安是一個雕刻家，他為寶寶雕了一個華麗的木雕放在嬰兒房。經由各種創造性的活動，這些男人最終把藏在內心最深處、想要「生出點」什麼東西來的渴望表達了出來。

藉著這些創造性的活動，爸爸們找到了一種合適的、被昇華的方式，給那個正在他們愛妻腹中演化生長的小小存在，賦予了一種生命力。但是也有不少人，在孕期承擔不了責任，背負不起煩惱，所以他們被焦慮和恐懼折磨得很厲害。比如史都華，他告訴小組成員，妻子懷孕讓他晚上睡不著，結果身體也生了病，還一天到晚擔心胎兒會受到傷害。他變得越來越煩躁，也沒有辦法支持自己的妻子。小組成員們各自分享了他們對妻子懷孕的反應，這讓史都華意識到這種憂慮並不少見，但是，自己好像已經被它們給奴役了，他是真的很需要一個出口，把自己的無助感、被動感和遭排斥感宣洩出來。史都華熱愛寫作，尤其是寫詩和歌曲，於是在小組夥伴的鼓勵下，他開始為自己的「小兒子」寫故事和寫歌。神奇的是，自從史都華開始沉浸於自己的創作以後，他的憂慮和恐懼很快就減少了。

有些男人，特別是那些本來就和自己父母的依附關係出過問題的男人，他們的問題在妻子孕期會再次浮出水面，這會使得他們很難為自己的情緒找到宣洩出口。於是，他們會想辦法離開這段婚姻，無論是人離開，還是心離開。這裡最熟悉的例子可能要數「工作狂老公」了—有時候一個男人變得對工作上癮，實際上是為了從懷孕的妻子那裡逃離。

理奇三十四歲那年，他的妻子南茜三十八歲，懷上寶寶了。理奇聽到這個消息，心情是矛盾的——一方面，他想利用這次機會做個好爸爸；另一方面，他很害怕承擔責任。但是老婆南茜卻因懷孕而大大鬆了口氣：這些年來她一直認定自己是一個「天生的媽媽」，而且一直擔心再不生就會錯過最佳生育年齡。然而理奇對於當爸爸是有顧慮的，事實上，他勉為其難才答應配合南茜實現她生孩子的願望。他認為無論是精神上還是物質上，自己都還沒有做好準備走這一步。因此南茜懷孕後，他便一頭栽到自己經營的事業中去，每天工作很長時間，而且越來越感到耗竭。儘管事業獲得了相當大的成功，但他依然迫切地想要存更多的「奶粉錢」——尤其是看著老婆的肚子越來越大，他越發覺得自己還不夠努力。

理奇在妻子孕期的這種行為，在孩子出生以後產生了嚴重的影響。幸運的是，他透過和我一起工作，找到了焦慮背後的深層原因，之後他還戰勝了自己的內心阻抗，讓自己可以主動去照顧兒子了。要做到這些，一個爸爸既需要識別出困擾自己的有害焦慮症狀，也需要看到自己對於即將成為父親所懷的顧慮。但這只是第一步，就像史都華和理奇這樣，一旦一個男人承認了自己的顧慮，他就需要想辦法來處理它，而不是任由它繼續轉變為破壞性的行動。

每個男人，為了迎接孩子的降生，為了應對艱難的新局面，都會有自己的獨特反應。我們看到一些人很難適應新的角色、新的期待。但是更多人，卻有能力面對準父親角色的挑戰。在此過程中，準爸爸會發現自己做為一個人，不但變得更加全面了，而且為兒女將來的健康發展打下了基礎。

在此階段，那些可以識別出自己焦慮，並學會用建設性的方法涵容自己焦慮的男人，在日後也更有可能與自己的孩子們建立起積極的親子關係。在下一章我們會看到，這些已經充分就位的準爸爸們在孩子降生的那一刻，是怎麼正式進入父親這個角色的。

第 2 章

從出生到嬰兒期：一個父親的誕生

第2章
從出生到嬰兒期：一個父親的誕生

我無法想像，我們在童年還會有什麼需要會超過被父親保護的需要。

——西格蒙特．佛洛伊德[1]

對於很多父親來說，走到孕育的最後，見證臨盆這一過程是一場妙不可言的經歷。九個月的孕期結束後，瓜熟蒂落，人們從對新生兒的擁抱、撫觸、餵養和寵愛中產生的濃烈情感難以言表。生命誕生的震撼力量和神奇感，常常比父親能想像到的更加超凡脫俗，對於第一個孩子的父親來說，他們會首次經歷什麼是超凡脫俗——超出他們凡俗能力所及。有人奉新生命若神明，有人則戰慄不已。然而這些情緒都會妥妥地被屎、尿、奶、哭清理掉，脫俗感還未褪去，你就會被拉入凡塵。

在孩子生命的最早期，不論是男是女，父親都會全情投入。我的第一個孩子瑪雅出生時，雖然經歷了十四個小時的艱難生產過程，我卻沒有離開過妻子琳達半步。當看到孩子最終安然棲身在母親的懷抱時，我欣喜若狂，衝出醫院，到街上與所有路過的行人打招呼，就好像他們都是我的親人一樣。我找到一個公用電話，打給所有我很熟或半生不熟的人，我告訴他們生產順利，孩子健康，並且無與倫比地美麗！我知道這聽起來就像是我老婆生了人類歷史上第一個孩子，但我真的無法控制自己。接著，我看到一個商店，就買了多得我扛不動的糖果、鮮花和氣球，即使我知道琳達根本沒心情吃任何東西，對她來說現在什麼都不重要，有女萬事足。甚至直到現在，那個清晨我第一眼見到女兒的那份欣喜若狂，即使二十多年過去了，仍沒有哪個時刻能夠與之比擬。

當在新生兒身上看到自己的印記時，一個男人會把自己投射到他的孩子身上，隨即就會認定這個孩子是一個理想化的存在。他會認為這個孩子與眾不同，和他希望自己與眾不同的那個部分如出一轍。這聽起來有點自大，但事實上，這就是精神分析師彼得・沃爾森（Peter Wolson）所說的「適應性的自大」（adaptive grandiosity）[2]。這個詞的意思是：父親身上為養育而生的卻常常有些浮誇的情緒實際上能讓他們充分感受到和兒女之間飽含激情的連結。我認為這是育兒當中自然且健康的一面，它是一種「服務於連結的自戀」。這是我們在觀察父母和他們的孩子互動過程中持續看到的——女兒出生後我在自己身上也能看到這一點。並且，這個現象也證明了，父親與兒子之間的連結雖然獨特，但是他和**女兒**之間強烈且充滿愛意的連結也絲毫不遜色（男人無須高估他和兒子之間的關係，亦無須低估自己和女兒之間的關係）。

如果一個父親既能保護妻子以及妻兒之間的連結，又能逐漸沉浸在自己與孩子的直接關係中，那麼這意味著他既能深切意識到這個世界有獨立於自己的「他者」存在，同時他也會愛上這個世界。他在與另一個生命深深連結的同時，也會由衷感激：他自己是這世上獨一無二的存在。

父親在嬰兒成長過程中的參與程度和品質會影響到孩子的發展。與此同時，這些小小的、脆弱的生命也會強烈地影響他們的父親。在接受自己照護者角色的過程中，很多男性會發現他們有機會發展出一些之前被忽視掉的部分，又或者是重新整合一些之前被他們拋棄掉的人格部分。

「夠好」的父親

天生的父愛肯定是有的，大部分男性都有能力讓父子雙方皆有互助互惠的體驗。儘管這裡有本能基礎的影響，但是要獲得父性中的那部分優勢，是不可能坐享其成的。因為不管我們把它歸結於生物學還是社會學，或者是兩者兼有，男人和女人還真不同——男人需要透過學習，才能成為一個負責任的父親，並且他也要這樣教自己的兒子。正如十七世紀法國哲學家盧梭所說：母親與孩子之間的連結是純天然的，而父親和孩子之間的連結則是需要被培養的。[3] 時至今日這句話依然正確。但我們的社會更傾向於讚揚「母性」這種先天稟賦，而父性要受到稱讚，通常需要後天一把屎一把尿、勤勤懇懇地在養育中掙到。

積極參與孩子的生活，是培養父親與孩子之間情感連結的方法之一。這種參與不只是換個尿片或者參加學校娛樂活動這樣的表面功夫。首先，父親的參與必須要能夠拓展孩子的內在生命，尤其是孩子們的個人情緒體驗。為了完成這個部分，父親同時也需要參與到他們自己的內在生命中，包括他們的情感、衝動、思想、願望、信仰和記憶印象，並且還要賦予這些內在生命以價值。通過對其內在生命的參與和調動，一個父親便具備了理解力，這使得他能夠開始認識自己孩子的主體性（subjectivity）。

如果願意以這些方式面對真實的自我，那麼這個父親便可算得上「夠好的父親」。英國著名的兒科醫生兼精神分析師溫尼考特發明了一個術語叫作「夠好的母親」（good enough mother），「夠好」並不是指父母僅僅「足夠」滿足孩子需要，或者為孩子提供「足夠」多的服務。[4]事實上，溫尼考特指的「夠好」是：媽媽和孩子之間的關係足夠親近，從而可以幫助孩子的心靈成長，但又不會太近，不至於讓其感到窒息。

同樣地，一個「夠好的父親」走的也是一條「中道」（a middle path）：一方面引導和指導孩子調節自己的情緒，獲得對事物的掌控感；另一方面又要促使孩子最大限度地接受這個世界的挑戰。父親特別能夠幫助孩子度過其人生中的艱難時刻——比如失落、挫折、失望——他要讓這些困難成為孩子成長的動力，而不是成為限制其成長的絆腳石。

男人有一種心理學家們所說的辨別「他者」的特質，也就是說，一個父親能夠持續地把孩子視為一個有著自己內在主觀世界的、相對獨立的存在。「夠好的父親」也是一個日常可及的理想形象，而且父親要透過自己的選擇和有意識的努力才能變得「夠好」。無須追求完美，一個父親只求他自己，以及他的孩子們，成為自己可以成為的樣子。

在成為夠好的父親的路途上，男人會發現自己變得更富有同理心，更脆弱，更相信他人——這些被我們的文化刻板地標定為「女性化」的特質。在過去，男人可能會避免或者否認他們身上疑似有這樣的特質，因為這會讓他們成功男人的形象受到質疑。然而，當你成為一個父親，你就

第2章
從出生到嬰兒期：一個父親的誕生

有機會去挑戰和重新整合自己身上的各種人格特質，從而獲得照顧孩子的能力。這樣你就會感到自己更加完整。當一個男人可以去養育，可以去關照他人、滿足他人的需要，同時也可以嫻熟地、有建設性地運用自己的父性權威和男性攻擊性時，他會感到自己更加靈活自由。

一個父親需要打怪升級，完成各種任務，來讓自己成為一個足夠好的父親。這就要求父親認識到孩子在他們的各個成長關鍵期，對做為父親的他而言具體的需要是什麼。對兒子和父親各自的發展階段、各階段發展任務的探索將貫穿全書。所有這些任務，對保證一個兒子或女兒的健康發展都是關鍵的。相反地，如果夠好的父親缺位，那麼就會在孩子不同的發展關鍵期產生不同的後果，比如產生某些特定的衝突與缺陷。這些衝突和缺陷常常表現為一種名為「父親饑渴」（father hunger）的痛苦情感狀態，或者說饑渴狀態。[5]

要理解如何成為一個夠好的父親，就需要明白父親角色的本質在於：從自己的孩子還是受精卵開始，直到自己離世的整個生命歷程裡，他都需要回應孩子的需要。在接下來的每一章裡，我會一一探索每個階段父親所應扮演的角色。正如我在第一章中提到的，從嬰兒在母體中孕育到其誕生的第一個月，父親的功能就是一個**保鏢**，或者說是一個有警覺性的保護者角色。在生命的第一年裡，父親逐漸成為孩子「第二個重要他者」，他是孩子與世界的**聯絡人**，他有能力把這個嬰兒逐漸從與母親糾纏的迴圈裡，拖拽到外面更廣袤的世界中去。當兒子上托兒所的時候*，父親

---

* 譯者註：美國孩子一般二歲開始上托兒所（preschool）。

開始成為兒子新生的男子氣概的**示範者**和認同對象。在「伊底帕斯戀母的那幾年」，也就是兒子開始上幼兒園時*，父親則開始成為一個**挑戰者**，幫助他的兒子學會放慢腳步，管理他的衝動以及那些噴洩而出、不易控制的強烈情緒，並**指導**他用健康的方式去競爭。在童年中期，父親開始成為他茁壯成長的兒子的**導師**，教會兒子如何獲得對事物的掌控感，同時讓他初步瞭解男人的世界。在青春期早期，父親會成為兒子的**英雄**，他展現出的所有品質兒子都會想要獲得。到了青春期晚期，父親則會成為一個**過氣的英雄**，因為他的青少年小夥伴需要打破甚至放棄父親的標準。當這個年輕的小夥子進入成年早期的時候，父親要重塑自己做為一個成年男人**精神導師**的角色，幫助他的小夥子完成這個艱難的過渡。

一個年近中年的兒子，會做為一個**上了年紀的同伴**，把自己父親視作一個更有**智慧的長者**，跟他一起穿越成年晚期的人生起伏。到最後，當兒子步入老年時，他年邁的父親將會成為一個**垂暮老者**，常常需要依靠他兒子，就像兒子當年依靠他一樣，同時這個階段的父親還能幫助兒子做好準備面對生命的終結。

---

* 譯者註：美國孩子一般五歲開始上幼兒園。

父親要充當警覺的守護者

被守護，是一個古老而普遍的願望。一個人貫穿其整個生命週期，都會渴望在現實的或幻想出來的關係中被照顧和供養。這些守望他的人一般包括母親、祖輩、哥哥姐姐，還加上入社會以後的主管、政治領袖甚至是想像出來的領袖。雖說範圍很廣，但守護者和供養者角色的一個極重要代表，就是父親。

「守護者」角色是跨越文化和傳統的。它是「真男人」定義的一個部分，也是父親最耀眼的特質，父親所有的其他品質都源自守護。[6]人類學家大衛．D．吉爾摩（David D. Gilmore）曾對全世界「男子氣概」的定義做過研究，他說，在大多數文化當中，人們認為男性除了使他的妻子受孕以外，他還有兩個基本的職能——守護和供養：

> 男人通過流血流汗來滋養他們的社會，為家裡的孩子和妻子提供食物，繁衍子嗣，並在必要的時候死於遠方，以求保全自己的人民。[7]

儘管從我們的文化角度來看，這個例子可能有點極端，但即使當今女人已經躋身社會受薪階層行列，我們仍然期望男人表現得強勢且具有堅定的權威性。即使是生長在非傳統家庭裡的孩子，即父親是其主要照顧者而母親是家庭主要經濟來源，這種孩子在成長過程中也相信男性理應是最重要的守護者和供養者。這就可以解釋我們的文化對於「男子氣概」的理解是多麼強勢且深入人心，以至於到了二十一世紀的今天，我們仍無法擺脫那深深烙印在我們腦海裡的刻板性別意識。

當一個父親不能支撐起文化賦予的具有象徵意義的父親形象時，孩子的情感發展和社會發展將受到阻礙，而這個父親做為一個男性的理想形象和自我價值感也會受到質疑。相反地，父親如果發揮好守護者的職能，那麼這個「真實的、有血有肉的」男性將最大限度地滿足我們對理想化父親的期待，他就不再只是一個形式上的父親了。

從進化論角度來看，人類父親像很多動物父親一樣，已經進化成為能照顧和愛護其伴侶及孩子的男性，他可以始終如一，不離不棄。一個好父親，一個如山的父親，一個充當守護者的父親並非只存在於人類社會，也存在於其他生命物種之中，這足以說明父性是一種本能。正如文化分析師傑弗瑞．馬森（Jeffrey Masson）在其文中所言：

雄性皇帝企鵝、雄性海馬、蘇格蘭父親、牙買加父親、狼爸爸、雄性口腔孵化的硬骨魚、印尼父親，還有那些從加州柏克萊來的、印度來的父親、海狸父親，以及北美草原上土撥鼠的父親、阿根廷達爾文蛙的父親、智利人的父親，甚至（追溯到我們過去）古埃及人的父親、蘇美人的父親、尼安德塔人的父親，他們都會說：「這是我的孩子，我會照顧他。」

[8]父親做為守護者，儘管看似鏡花水月，實則無比親切。在父親的守護下，母子在情感和身體層面上乃得安穩，如此母親就能騰出精力來，直接專注於孩子的即時需求。父親如果能幫助母親抵禦那些過度的焦慮、強烈的擔憂和不必要的外界滋擾，母親便有能力去幫助她的孩子發展出強大的自我。父親做得越多，母親便能做得越多。

透過適時地給妻兒提供一個充滿滋養的「抱持性環境」（holding environment），父親可以幫助嬰兒發展出對母親的安全依附。這種持續性的父性抱持，可以促使依賴性極強的嬰兒從母親那裡要到他現階段最需要的東西——母親與嬰兒最初的情感同步。[9]可以在更多其他方面幫助孩子之前，父親做為守護者，現在要做的是把母親解放出來，讓母親能夠把自己的全身心投注給孩子。在臨近生產和孩子出生後的幾週內，父親的抱持能促發母親的「原初母性專注」（primary maternal preoccupation），這是母親照料新生兒所需的最佳狀態，也是嬰兒自我得以建立的基礎。[10]

我們發現：隨著「夠好的」父親的持續參與和奉獻，他最初的守護功能也會隨著父親一生當中功能表現形式的轉變，得以繼續演化和發展。所以，當一個父親有能力照看、抱持和保護其妻兒時，那麼等到時機成熟，他就可以保護並鼓勵學步期兒童開啟與母親的分離—個體化過程，我將在後面一章對此做出討論。

與此相似的是，多年以後，對於孩子在青春期嘗試各種身分認同，以及隨之而來的對家庭依附關係的逃離，一個父親還需要對這些表現出有條件的接納與支持。在目前這個階段，他需要做的是：開啟母親和新生寶貝之間的情感關係，任其自然而然地發展。以至於將來，因為孩子充分內化了自己的父親，所以即使孩子步入了中老年，那種被守護的內在體驗依然會生機盎然地存在於心中。

然而，父親在孩子生命的最早期如果不能提供足夠的守護和參與，那麼在後期他的父性功能很可能也會打折扣，即使他後來還是有足夠多的機會補償。所以一個父親要在孩子生命最早期提供足夠多的保護，這是他無法推卸的責任，而且這也具備廣泛的社會學和心理學意義。有證據表明，父親在兒童發展的最早期階段若參與度嚴重不夠，那麼將導致該兒童在接下來的童年期和成年期更容易發生亂倫性虐行為、遺棄兒童行為，而且這個孩子本人也將更容易變成一個不參與或者無效的父親，並會一直體驗到「父親饑渴」。[11]

這裡要說一個例子：莎拉是一個中年女性，她已經來到了一段很長的精神分析治療的後期。在我們的工作中，她有了重要的進展，並且與自己早年遭受過的一個嚴重創傷，甚至一直以來與之相隨的心魔獲得了和解——她曾遭受過一個親戚的虐待，但當時父親完全無法給她足夠多的保護，以至於她因此產生了嚴重的心理創傷。在一次會談過程中，她說自己會對丈夫「毫無緣由」

地火冒三丈。她發現每次她為「生活如此艱辛，惡魔尚在人間」而感到憤恨時，一種針對丈夫的、看似無理取鬧的憤怒就會油然而生。

緊接著，莎拉描述了一件發生在本週早些時候令她感到非常不安的事情。她買了一件黑色的「拉斯維加斯突襲者」橄欖球隊的外套，送給正在上一年級的兒子。兒子非常開心，莎拉因此也很開心。但傍晚的時候，她的丈夫回來告訴他們，洛杉磯有個黑幫穿上了這個橄欖球隊的外套，而且在使用這個隊的隊徽，所以兒子出去穿這件外套會不安全。她憤慨地說：「你能想像這是一個多麼糟糕的世界嗎？一個小孩子竟然會因為穿某種顏色的衣服而被槍殺！」她哭說，她兒子的「純真和信任」根本無法得到保護。

隨著聯想的展開，她很明顯地責怪丈夫沒有看到這個世界的危險性，它危險到不允許兒子穿上帶有他喜歡球隊隊徽的衣服。她斥責丈夫不夠強大，沒有掙到足夠的錢。「為什麼他不能掌控好一切？為什麼他總是拎不清？」她質疑道，「這樣我們就能去住我們想住的地方，讓我們的孩子上私立學校，就不用再擔心厄運會降臨到我們身上！」談到後來，她又含著淚承認：其實她丈夫是一個很好、很有愛心的父親。

在很短的時間內，莎拉便能看到自己對丈夫是多麼憤怒，正如她對我的憤怒一樣：「為什麼你不能讓我感到足夠的安全、安心，不能讓我感到自己是被守護的？」當我們把她所有的願望具象化時，她開始走得更深：其實她一直都在渴望一個能給予她守護的父親。她意識到自己正在把童年的渴望轉嫁到丈夫和做為分析師的我身上，我們中的任何一個都能成為她痛苦失望、恐懼和憤怒的對象。這種針對男人的報復性憤怒始終在潛意識地運作，這導致她因沒能獲得父親保護而遭受的童年挫折體驗，一次又一次地在今時今日被喚起，讓她一而再再而三地感到自己是如此孤獨，而這個世界又是如此危險。

父親要有男子氣概，也要甘於「坐汽車後座」

有些像莎拉父親一樣的男性，因為嚴重缺席而對孩子的生活造成了重大影響。另外一些父親，雖然並未缺席，卻始終反覆糾結於自己的「幕後配角」，心不甘情不願。這些男人，需要學會如何積極有效地運用自己的男性特質，這可以幫助他們最終成為好父親。

當一個男人，發現自己只是夾在母親和孩子這個自動生成的共生體之間，看著他們自給自足，且相互滿足的樣子，而自己不得不被擠到家庭房車的「後座」上的時候，他會錯誤地把這種情形體驗為被動。就好像他只要做好支持和保護母子連結的小配角就好，而這種配角身分，與他渴望的以自我為中心的「主角光環」——掌控方向、駕馭一切的「真男人」形象實在是衝突太大了。

這種衝突會使他為了維護自己以自戀為基礎的、以主動控制和征服為代表的「大男人」形象，一氣之下否定母子對他的各種現實需求。在這種情況下，這個男人可能會憂鬱，還有很多時候會出軌，遺棄家庭，過度沉浸於工作，或者患上父親版的產後憂鬱症，從而無法充當一個守護者角色。他會時常感到自己的男子氣概無法伸展，做配角會讓他感到內疚和羞愧難當——一個關於「失敗父親」的劇情，似乎要難以避免地上演。

然而在理想情況下，一個父親是能夠認清自己的守護者角色的。雖然看上去他是在周邊抱持著自己的妻子和孩子，但實際上他是在維護整個家庭系統的積極運作，而且他還為孩子的健康發展做出了直接貢獻。他甚至會開始看到：做父親會讓自己獲得一個寶貴的機會，來接納和整合自己先前可望而不可即的一些男性特質，從而讓自己的人格變得更加包容、靈活，有統整感，而不否定和壓抑自己身上那些「不男人」的部分。一個男人進入孩子的世界，學習如何做一個父親——為了讓自己看見和滿足孩子的需要，他需要馴服那些更加以自我為中心的、以攫取為目的的「直男」特質。如此他便可以達到一個自我理解的新高度，這是一個如若不成為父親便無法企及的高度。

對有些男性來說，這可能是第一次他們的內在世界變得比他們的外在世界更清晰。他們會開始覺得，關係和親密與成功和表現同樣重要。然而，這種體悟常常來之不易。一直以來，男人被訓練成「行動家」（doers）去面對和解決問題——他們喜歡感覺到自己是有用、積極且有創造力的。然而，就新手父親而言，他們發現母嬰關係自為一體，而自己常常處在「幫忙」的配角位置上。他們不需要化解燃眉之急或處理什麼緊急大事，卻需要持續地待在一個在他們看來相對被動的位置：做為一個警覺的守護者，保護和支持著母子連結。

鑒於此，父親需要明白一個道理：自己並不是孤立地在母子關係之外。他在面對的，是一種全新的三角關係，這種新型關係真的需要他的適應，還有他的保護。

這是一個靜待花開的階段。新手父親在這個階段會意識到男子氣概並不是一味地堅毅不屈、獨孤求敗，而是與人為善、和而不同。他們會逐漸瞭解到，在競爭性（征服、激進、成功、富有創造力）和父性（愛人、呵護）之間，他們其實並不需要二選一，兩者完全可以共存，甚至互為補充。

在我曾經帶領過的父親團體中，有一位退役的明星運動員。他在足球場上的所有動力來自於激烈的競爭與角逐。對於他而言，贏得比賽是唯一重要的事情。而現在的他，在這個父親團體裡開始描述自己做為新生兒父親的體驗：

「我看到他們（他的妻子和孩子）嬉戲打鬧，儘管眼巴巴地看著並不容易，但我知道我不會破壞他們正在享受的東西。雖然我想加入進去做點什麼……比如把我女兒舉高或者給她撓癢，但我很高興我並沒有這麼做。而就在那天晚上，我感覺到自己是『成熟穩重』的，而不是『輕佻浮躁』的，我感到自己從來沒有這麼像個男人過，即使是在橄欖球場上踢人家屁股也沒有這樣的感覺。」

因此，退居幕後並不能阻止一個父親體驗到新的愉悅。一封來自瑞奇的信很好地證明了這一點。瑞奇是一個新手父親，他同時也是我以前的病人。他在兒子班基降生之後，如此描述自己初為人父的體驗：

「看到這個小人兒蜷在我身邊酣睡的時候，我無法想像我是如此喜悅。我深情地凝視著他，把我的臉貼著他的臉，親吻他。不管我感到自己的生命多麼混亂，班基都像通往更高維度的門，在那裡，整個世界都變得無關緊要。我看著他，我不想移開我的目光，我的胸口在顫動。」

瑞奇的體驗並不少見，父親飽含著如此豐沛的情感，這會使他們與新生兒之間更加親密。一個新生兒父親擁有這種「升級」體驗，會讓他甘於待在警覺的守護者和情感的共鳴者的位置上，而這兩者都是孩子成長的促發性要素。

除了做一個守護者，父親也有另一個「外在」角色，那就是「情緒教練」——他可以很快回應孩子的情感需求。事實上，就像我在第一章中提到的，精神分析發展心理學家特雷莎·貝內德克（Teresa Benedek）認為，父性有心理生物學的基礎。她認為「本真的父愛」是一種本能，它通過父親與孩子的早期互動釋放出來，它使一個父親能夠以即時的同理來回應孩子。[12]如果這個說法切實，那就意味著父親——做為維繫孩子情緒平衡與和諧的穩定性力量，其重要性非比尋常。

除了直接回應以外，一個父親透過看重妻子的情感需求，也就間接地充當了孩子的情緒教練。他需要幫妻子分擔那些讓她分神的事情，以便讓妻子能夠完整地沉浸在母嬰關係中。這樣，妻子就能展現她為人母的驚人能力：認同自己的寶寶，而且對寶寶的基本需求保持極強的敏感性。這種獨一無二的母性全神貫注和全力付出，在寶寶生命的早期是非常重要的，它在嬰兒的發展過程中扮演著關鍵的角色。

正因為丈夫的積極保護，媽媽的奉獻和全神貫注才可以得到最好的發展。如果每對父母都能這麼做，那麼孩子就能在之後的生命歷程中獲得英國發展心理學家約翰．鮑比（John Bowlby）所說的「安全基地」。[13]根據鮑比的說法，安全基地就像一座「煉丹神爐」，一個情緒穩定的人在裡面煉化成長並終身受益。一個擁有安全基地的孩子，當他去更廣闊的世界冒險時，會擁有一種「只要需要，我隨時都可以回家，並且受到歡迎」的踏實感。

很明顯，父親退後一步，允許妻子與孩子之間分享他們之間的特殊連結（在一定程度上也要感謝他在妻子懷孕期間發展出來的，且仍在繼續拓展的無私品質），在某種意義上，就已經為孩子將來的健康發展「搭好了舞臺」。儘管如此，這可能還不夠，因為孩子的健康發展也有賴於父母兩人之間關係的品質。很多媽媽全情投入在與孩子的共生裡，歷經著人生的跌宕起伏。此時，一個父親如果能頻頻呼喚他的妻子回歸到夫妻生活中來，妻子就會學著重新分配自己身上的母親和妻子角色的比重。如此這般父親就既保護了妻子與孩子的紐帶聯結，同時也保護了成年人婚姻裡的性愛與親密。

一個丈夫，要經由敏感而堅定的努力，再次喚回與妻子之間停滯已久的性愛，他要用他的男性魅力增強與妻子之間的連結。對一個男人來說，做一個溫暖抱持的父親和一個令人興奮的愛人，都可以給其妻兒帶來重要的安定感。[14]夫妻間的親密關係把父母重新組合在一起，也讓孩子在與母親、父親，以及與做為一個整體的父母親關係中，感到足夠安全。[15]

父與子

在此之前，我們一直在談論父親對孩子（無論兒子還是女兒）的影響。而這本書實際上是在討論父親與兒子之間的關係，隨著內容的深入，我將更側重父子這一特殊的親子連結。我要在此簡單介紹的是：隨著時光流逝，孩子逐漸長大，我們會發現不同性別的孩子與父親之間的關係也會逐漸變得不同。通過對他年幼兒子的看護與互動，一位父親會體驗到與兒子之間有著一股深深的連結，這是因為他們有著相同的生物基礎——男性性別。

比起女兒，父親天生更認同兒子，他更能覺察到在兒子身上萌生的、做為一個男性所擁有的分離和自主需要。這也就意味著，做為一個男人，父親對兒子的需要有著一種直覺性的理解：兒子需要從與母親的關係中分離出來，去探索更廣闊的世界。父親知道，對於一個男孩而言，與母親分化是其「男性自我」得以構建的基礎。基於父親的這個理解，兒子能夠在成長過程中逐漸把自己看成是一個獨立於父母存在的個體。換句話說，兒子的自主性，源自父親對這種男性自主的信任和同理性支持。這個現象亦表明了父子連結之深度：即使在兒子生命的早期，父子間的連結也是真實而深刻的，這種連結可以使兒子欣賞自己身上逐漸成長的自我，尤其是他的男性自我，而且也能使他悅納將來與父母之間產生的任何不同。

然而，在初為人父階段，對於很多父親來說，要與他們的兒子之間建立連結並非那麼容易，因為他們首先要緩和自己身上的一些內在衝突。比如對於理奇這個「工作狂」父親來說，擁有一個孩子就令他充滿了矛盾。在兒子丹尼爾出生以後，理奇明顯開始變得沮喪不安。於是他開始經常出差，參加其他活動，逐漸遠離他的家庭。儘管宣稱「一直想要個兒子」，但理奇其實一直都在努力壓抑著自己內心對於為人父的矛盾情緒。毫無意外，做為「一個男人」，他對此感到很糟糕。正如他自己所說的那樣，事情越來越糟，是因為他的妻子南茜要不就是精疲力竭，要不就是「永遠在忙孩子」。南茜的「奉獻」都給了丹尼爾，「對我完全沒有興趣」，對此他深懷不滿。

理奇的治療進入第二年，此時他的兒子已經八個月大了。理奇的妻子對於他的持續缺席和不作為感到越來越憤怒，同樣，理奇也對自己從家庭生活中退場感到羞愧。他意識到自己在重複他父親的模式。「他把我完全交給了我的瘋子母親，一個從不間斷地對我指指點點的女人。感謝上帝，南茜沒有那麼瘋狂，」他接著說，「但我仍然不能忍受，她給了丹尼爾那麼多的愛，與此同時我自己卻壓根兒感受不到愛，也沒有絲毫價值感。」

當我們繼續探索理奇充滿羞愧的退縮行為時，他才意識到：原來自己把妻子南茜潛意識地當成了自己的母親，而且還是一個幻想出來的完美母親，但是他自己卻拋棄了那個做為伴侶和愛人的南茜。在治療中我們發現，在自己的父親放棄對孩子和家庭的守護以後，理奇不斷地重複體驗著一個小男孩的孤獨與無助。在他的成長過程中既沒有內化地做為守護者的父親，也沒有理想的母親在場，所以理奇無法耐受這樣的孤獨。於是今時今日，他只能把妻子當作自己理想化的母親，牢牢抓住她不放。只有當他反覆體驗到一個幻想出來的、能夠完全滿足自己的、一點都不分心的「母親」時，他才能感到自己是「完整的」，只有這樣才能恢復他內心那個「失去的天堂」。

在分析中我們發現：理奇幻想要妻子完全屬於自己，他把這和自己的男子氣概以及自尊緊緊聯繫在一起。也就是說，他把妻子視為重回他夢寐以求的幸福的源泉。但最終理奇在分析中逐漸能夠識別、揭示和耐受自己的羞恥感，以及被妻子拋棄的感覺，並且開始明白這些體驗都和他童年時代誇大的「陽具崇拜」（phallic）有關。隨著分析的進行，理奇從丹尼爾和南茜那裡逃離的需要越來越少，他也不再把兒子丹尼爾視為一個異己的存在，而是一個需要在父親的保護與參與下，慢慢成長的自己的一部分。

理奇意識到，他的兒子非常需要一個能夠為自己和母親遮風擋雨的父親，而他的妻子也非常需要一個能夠在情感上積極參與、在性愛上有溫情也有意願的丈夫。他也意識到在生命的頭幾年裡，丹尼爾將會非常需要他，而他現在也能真心感激妻子，對他倆共同的孩子付出了全心全意的愛。最終，他回歸到了妻子的愛人和兒子的父親這兩個寶貴的角色中來。

觀察兒子並與之互動，一個父親由此能感到和兒子之間深深的連結，這是一種男性之間共用的生物學特點——它無法與女兒共用。這也是父親的優勢：他能識別兒子身上重要的獨立性，也能促發其自主性。

即使這樣，接受兒子身上不同於自己的特點，並不是一件容易的事。舉個例子，哈洛德三十五歲，是一名肌肉發達的前職業運動員。在他的妻子費莉西亞重新回到麻醉師的工作崗位後，現在由他來負責照顧兩人一歲多的兒子達利斯。做為一個驕傲的男人，哈洛德非常痛苦於自己的角色轉換，尤其是做為一個自由執業的體育教練掙不到太多錢，而妻子在她的領域裡不但收入可觀而且還聲名在外。更糟糕的是，十八個月大的達利斯既不會說話，也不會對簡單的指令做出回應。哈洛德嘗試用堅定的規則去「規範」兒子，卻使得達利斯更加急躁。不管哈洛德怎麼做，他似乎都不能和兒子建立良好的連結，也沒辦法安撫他。

等到兩歲的時候，達利斯表現得對同齡小孩沒有興趣，而且他還是沒有開口說話，這讓父母非常擔心。因為察覺到了問題的嚴重性，達利斯的兒科醫生遂推薦夫婦倆帶孩子去看一下專科醫生。結果診斷一下來，達利斯被確診為「自閉症類群障礙」（autistic spectrum disorder）。

這個消息對哈洛德來說幾乎是毀滅性的，他因此變得十分憂鬱。他不能理解為什麼兒子不能說話，不能像其他正常孩子一樣聽和回應「簡單明瞭的規則」。之前妻子的成功對他自己的男性形象已然造成打擊，同時他還要適應一個職業運動員的退役生涯，這使得他很難安心陪在達利斯身邊。

但他沒得選擇，妻子、兒子比任何時候都更需要他。他們需要哈洛德放下一些他之前如信仰般珍視的男子氣概，只為滿足兒子的需要。幸運的是，哈洛德有一個特別值得自己驕傲的品質：他是一個「對任何人、任何事，都永不言棄」的人。他發誓要守護自己的兒子，他做到了。在每一次語言障礙矯正治療中，他都會學習如何與達利斯溝通，儘管達利斯並不會對哈洛德習以為常的人際互動線索進行回應，但他仍鼓勵兒子參與捉迷藏和拍手遊戲，正是這些遊戲最終幫達利斯學會了使用語言。儘管深受侷限，小達利斯還是很好地回應著父親與日俱增的溫柔與耐心。在短短幾個月內，這個孩子獲得了連專家們都不曾預料到的進步。

按照達利斯的語言矯正治療師的說法，尤其值得一提的是哈洛德本人的轉變。治療師說：「我第一次見到哈洛德的時候，簡直沒法跟他溝通，他大男人主義，極度自我，完全不聽從建議。他表現得就像已經準確地知道了達利斯的所有需要一樣。但經過這一年我們共同的努力，他真的改變了，他變成了一個自學成才的語言教練。我現在看到的，是一個敏感而溫柔的父親，正在幫助小達利斯的生命綻放。所以現在，我認為哈洛德是我遇到過的最好的父親之一。」

正如哈洛德自己所言，他意識到成為一個真正的男人其實有很多途徑，取得人生的獎盃也有很多途徑。「你不會永遠都是最強、最剛、最克制的那個，」他說，「有些時候你需要找到另一種方式去獲得自己想要的。」隨著小達利斯的回應越來越強，他父親對世界的回應也越來越好。兩人在互相教導對方，兩人要學的東西還有很多。

成為一個參與度高的父親，其好處（對父親和兒子來說都是好處）是毋庸置疑的。父親若持續性地、積極地參與到兒子的生命中，他們會欣慰地發現，這是對自己，也是對孩子的未來做出的一筆最重要的投資。終有一天，他們的男孩會長大成人，而當他們成為父親或者祖父的時候，他們內心深處那個曾被爸爸守望、保護、供養過的自己依然會在那裡，充滿活力。

那些能夠守望、抱持、保護自己妻兒的男人會發現：自己在漫漫前路中，一直都會被寄望於承擔這些角色。在每一個新的發展階段，也都會有新的挑戰，那些希望參與到兒子生活中的男人需要調整他們「守護」的方式，以跟上孩子逐漸成熟的需求，以及他們與孩子間關係的不斷變化。

在未來幾年裡，父親會成為一個更加重要的存在，而他們對參與兒子生活的意願會顯得尤為關鍵。正如我在接下來一章將要提及的，父親的新晉角色，做為「第二他者」，在孩子的生命中扮演著一個不同於母親的愛的客體。通過父親這個「第二他者」，小男孩也會開始體驗到一種和母親分化的自我感，這將是他下一個重要的發展里程碑。

第 3 章

學步期：父親把孩子帶往世間

對於代表著這個世界未來的寶寶，母親應該將其緊緊擁入懷中，如此寶寶才會知道這是他的世界。而父親，則須帶他去到那最高聳的山嶺，如此寶寶才能看到這世界真實的模樣。

——馬雅印第安人俗諺[1]

當年幼的寶寶脫離嬰兒期開始茁壯時，父親就應入場，做為「第二他者」，透過把世界介紹給孩子，來對其生活施加最初的影響。[2]父親，做為一位充滿愛意且高度參與孩子生活的存在，他的捲入方式和母親是不同的。他能以一種更舒適的方式，讓孩子逐漸體驗一種「我和媽媽並非一體」的感受。這同樣也可以讓孩子明白，即便媽媽不在場，像爸爸這樣的他者也可以為自己提供慰藉。

識別並肯定孩子的「差異性」（otherness），是一項特別適合父親的任務——令人驚訝的是，讓他來完成這項任務，可能比女人來得更合適。父親幫助創造了這個新的生命，但孩子「屬於」他的方式，卻與「屬於」母親的方式不同。第一次把孩子抱在自己懷裡，參與性強的父親會對自己說：「這個孩子是我，但又不是我。」正因為這種身體上的你－我區分從最開始就有，所以父親通常會更能發現並讚賞孩子做為一個個體的獨一無二性。

父親會用一種獨特的方式鼓勵年幼的孩子離開自己的小巢。比如，爸爸通常會以一種更為刺激的、有活力的、新奇的且難以被預測的方式來與嬰孩玩耍，這種方式和母親不一樣，母親通常有一套自己的方式與寶寶互動。丹．西格爾（Dan Siegel），一位研究大腦發育的兒童精神科醫師研究表明：寶寶的心智發育，既是各種身體刺激的結果，也是與不同的人進行人際互動嘗試的結果。[3]西格爾的研究發現，母親的人際能量是「向心的」（centripetal），它把寶寶引向自己的內在；父親的能量是「離心的」（centrifugal），它讓寶寶離開中心，從而趨向外部世界。因此父親通常會更有挑戰性，而母親通常會更有撫慰性——總而言之，母親用的是「調節自己以適應寶寶的互動方式」，而父親則會喚起並改變孩子的狀態，讓孩子來適應自己。如果說母親用的是「立」，那麼父親用的就是「破」（disruptive）的方式與自己的孩子互動。[4]

小孩子需要成長到一定階段，才會注意到他們的父親，以及父親所代表的挑戰性。一旦他們的成長到了這個階段，而父親又參與他們的生活，那小男孩絕對能嗅到父親身上冒險的味道，因為在這個階段，小男孩自己的探索意識也已成形，讓我們來看看下面這個例子。

我記得自己曾觀察過一對年輕的新婚夫婦和他們兩歲的孩子伊恩，他們那天帶著伊恩去逛社區公園。在公園裡，我看見媽媽伊芙鋪開了一條毯子，把伊恩最喜歡的書擺在毯子上準備唸給他聽，而爸爸湯姆呢，則開始在公園裡慢跑。媽媽唸書給他聽的時候，小伊恩看上去很滿足。

但是突然間，當伊恩看到爸爸朝著自己方向跑近的時候，他便開始不安分。當湯姆跑到毯子旁的時候，伊恩簡直控制不住自己了。「爸爸，要玩！」他喊道。然後呢，父子倆便一同朝著鞦韆跑去。湯姆開始推鞦韆，「高一點！」伊恩喊道，「再高一點！」那種純粹的快樂讓伊恩不斷回頭催促爸爸。

伊芙坐在毯子上，看著自己的老公和兒子。我想像她正思忖著就在剛才，伊恩還那麼甜蜜那麼平靜地跟自己坐在一起閱讀，而現在……突然，伊芙發現湯姆和伊恩正朝著單槓走去，看到這裡，她一躍起身，還大聲喊：「他還不能玩單槓！他還沒有準備好！」伊芙害怕而焦急地朝著單槓跑去。「他可以的，不要擔心。」湯姆回答道。伊芙先是猶豫了一下，然後她笑了，接著她起身坐在附近的一張板凳上讓自己放鬆，順便找個好視角來欣賞這對父子一起耍寶。

小男孩和父親之間這種充滿活力的新型關係，雖說在其成長過程中出現得比較突然，但是其基本形態，在全世界各種文化的神話故事中卻都能找到原型。例如，在一個印第安傳說中有著這樣的描述。一位母親把自己的孩子快樂地摟在懷裡說：「我會撫慰你。」而父親則把孩子帶往山頂，熱切地宣稱：「這就是世界，我會把它呈現給你！」在古希臘，做為眾神之王的宙斯，被描繪成「天上的父親」，他端坐在奧林匹斯山上的天界實行著自己的統治，手持閃電，守護著世間的律法和秩序，維護著人間的父權和王權。

誠然，在今日快速變化的社會氛圍中，越來越多的母親會更積極地把世界展現給孩子，而父親則承擔主要養育者的角色。母性和養育，成就導向和向外追尋，這些傳統的男女特質很自然地超越了性別的限制。但是，在這本書中，我會用一種以文化為基礎的、更為傳統的，甚至更具「原型色彩」（archetypal）的模式來探討母親和父親—母親（或其替代者）扮演著孩子與其內在、情感世界之間的橋梁角色，而父親，則充當著孩子與外在、物理世界之間的連接者。

父親，要把兒子帶入一個更寬廣的世界

父親在孩子生命中最早所盡的職能，是幫助自己的兒女艱難地與他們的母親進行分化。為了能夠理解這個現象，我們需要先來看看快速成長的學步期兒童（toddler）本身：他們看到的世界，實際上如同一張剛沖洗的照片，這是一個正在逐漸變得清晰的世界。到目前為止，唯一能夠被清晰地分辨出來的客體就是：母親。我們知道，對學步期兒童而言，母親的身心此時總是和孩子交融在一起，外人幾乎區分不了這個階段母子間的明確邊界。而父親，此時在孩子的世界中，似乎也只是一個站在母親身旁的、似有似無的朦朧形象。但是，從生命的第二年開始，父親的形象會從模糊逐漸變得清晰，幼兒會開始意識到在這張照片裡除了母親以外，還有其他人存在。當孩子的發展到達這個階段的時候，父親就需要走出之前的重重迷霧。此時他要做好準備，從而承擔起孩子生命中重要的「第二他者」的角色。

寶寶是歡迎這個「新」家長出現在自己的世界裡的。從十八個月到兩歲這個階段，孩子的身體、情緒以及人際意識都會以讓人目不暇接的速度成長。這種身心成長會對他們的生活產生非常顯著的影響。比如，在這個階段到來以前，寶寶本可以心滿意足地坐在母親身邊，但現在，他們坐著坐著就會躁動，你可以感覺到那份躁動，其激烈程度就像即將破殼而出的小雞，對著困住自

己的蛋殼不斷發起攻擊。先前和母親構建的那個溫暖的共生的殼，現在開始變得讓人無比煩躁。而先前那種排他性的母子或母女關係，現在也變得讓人有點窒息。寶寶現在已經做好準備來迎接更多的外界刺激了！這些刺激，很快將會改變他們的思維、情緒、知覺以及行為。

在某些情況下，父親會經由哄騙、誘惑甚至直接「推一把」的方式來將孩子帶出母親的溫柔鄉。男人嘛，通常特別適合幫孩子來完成這個發展任務，因為父子關係和母子關係不同，父親和孩子之間並沒有那麼強烈的「身心混同」（psychobiological intermingling）關係。這種身心聯結在母子之間卻極為常見，它是母親通過十月懷胎，以及產後的母乳哺餵等行為和孩子建立的共生關係。

當然，無論身體發展得再怎麼成熟，又或者外界再怎麼刺激誘惑，在這個階段，很多寶寶對於離開媽媽既安全又有慰藉作用的溫柔鄉依然是不情願的。我們不得不指出，沒有父親及其替代者的持續鼓勵，很多孩子可能一輩子都無法完全走出母親的懷抱。然而，對那些父親參與度很高的孩子而言，他們會更容易發現：持續待在母子共生關係中，並非自己唯一、也不會是最滿意的選擇。

到了某個節點，所有的寶寶都會開始注意到自己的父親，由此他們也會用一種全新的方式來感知這個世界。這對男孩而言尤為重要，因為他們不僅要在情緒上與母親分離，而且會越來越注意到自己和母親在身體構造上的不同。小男孩當然希望自己和父母親的身體都是相同的，但他會逐漸地意識到男女之間生殖器的差異以及性別差異，他會發現自己的身體其實和媽媽不一樣，但和爸爸卻是相似的。

然而，意識到自己在很多方面和媽媽不同，對在這個發展階段的小男孩而言，卻可能是一件令他感到恐懼的事情：要知道儘管一直在成長和變化，女孩卻可以用自己和母親的身體相似來安慰自己，但是男孩卻無法獲得這種安慰。當身體和性別差異性這個問題襲來的時候，很多男孩可能都無法單獨面對。這時候，一個能緩衝兒子所受衝擊的、積極在場的父親（或他的替代者），真的是不可或缺的。

父親要積極且親密地參與兒子的生活，幫助兒子安全地體認「男女性別有差異」這一事實。通過這種參與，父親實際上為兒子豎起一面鏡子，讓兒子可以透過這面鏡子看到他自己。因為要認同父親的男性角色，所以男孩才會探索自己天生蘊藏的男子氣概。只有在男孩感到足夠安全以後，他們才會準備好承認正在自己身上發生的「男性化轉變」，而且只有通過與父親之間的連結，小男孩才會開始把這些改變整合到自己的生活中去。小男孩在此之後很快就會開始迷戀自己的父親——把他視作重要的「第二他者」——而且會嘗試用各種方式模仿他。比如，在生命的第二年或第三年，當男孩停用尿布開始學習用抽水馬桶的時候，他對於如廁行為的學習，其實是需要靠父親來做示範的。於是你總是會發現，小男孩和爸爸一起站在馬桶前，有模有樣地學著爸爸，希望也能在便池裡尿出泡泡……又或者，他會在刮鬍子的爸爸身旁駐足觀察。

更重要的是，在兒子和母親分離的過渡階段，高度參與的父親可以幫助兒子更好地應對這個階段的各種不確定性，以及因過渡而生的痛苦和矛盾感受。實際上，一個參與度高的父親需要傳遞出這樣一種資訊：兒子，我明白你現在對媽媽有很多困惑的感受，但你無須害怕這些情緒。一個父親要幫助兒子意識到：即使他和母親暫時分開，他仍然可以愛她、珍視她。兒子的「個體化過程」（individuation process）需要父親的付出。其中很重要的一點便是父親要幫助兒子理解：當我們為了更多地成為我們自己，而與某些人分開的時候，那些人並不會因此永遠地消失或者死去。

對學步期兒童而言，這是一個極重要的認知發展里程碑，獲得了這種意識的男孩會發現，在媽媽離開的時候他可以跟她說再見，而在她回來後自己仍可以滿心歡喜地歡迎她。而且男孩可以確認自己對她的愛，也不會因短暫的分離而減少。除此之外，父親還應該用經過昇華的、有創造力的方式，把兒子的注意力從與母親的分離之苦中轉移到別處去。

但是在這個階段，父母重建他倆之間基於成人性愛的夫妻關係，對於男孩而言將會是另一層失落。他不僅會意識到自己和媽媽不一樣，而且還會察覺到：原來在爸爸媽媽之間，竟然還有一層他無法參與的排他性關係。換句話說，小男孩會發現他既不能獨佔媽媽，也不能獨佔爸爸。對於一個還保有天生全能感的小男孩而言，他發現自己居然不是父母世界的中心，這將是多大的一個打擊啊！

在這之前對一個小男孩而言，被愛等同於和媽媽在一起。父親參與進來以後，兒子很自然會擴大關於愛和欲望的概念。男孩開始明白，媽媽既愛他又愛爸爸，正如爸爸愛他也愛媽媽一樣。如果兒子對父親有足夠的心理認同，那麼他就會對自己說：「只要我變得越來越獨立，媽媽也會愛我的，因為爸爸就是一個被媽媽愛著的、獨立的人啊。」這層理解，將會成為一個男孩日後生活的重要安全感基礎，這意味著他即使被暫時排除在外，也仍舊可以體驗到自己是被愛著的。同樣地，父親也要幫兒子維持那種他仍舊被母親深愛的體驗，即使是在他對母親有憤怒，甚至是在恨她的時候。

舉例說明，我近來開始觀察三歲的孩子羅傑，有一次我看到小羅傑爬上沙發開始喝自己的巧克力牛奶，但把牛奶倒得滿沙發都是。這時他的媽媽愛琳生氣地喊道：「不是跟你說過了不要把牛奶倒在沙發上嗎？」小羅傑對自己的行為是有悔意的，但是，讓他感到尤其不安的是媽媽的反應。正如他稍後跟爸爸表達的那樣，他當時感到媽媽「看上去就像個巫婆」。於是小羅傑躲開媽媽，拒絕跟她說話，氣鼓鼓地坐著，等爸爸克勞德從商店回來。接著，當克勞德剛踏進家門的那一剎那，小羅傑就當著爸爸的面哭了：「媽咪對我好凶！我恨媽媽。爸爸你就好多了，你從來不對我這麼凶！」

小羅傑是幸運的，無論是媽媽愛琳還是爸爸克勞德都明白，他們的兒子在現在這個發展階段，不得不「分裂」自己的情感，也就是說當他把媽媽視為「壞」家長的時候，那麼爸爸就必須要成為那個「好」的。面對這樣的局面，克勞德需要做的，是在傾聽和理解兒子的焦慮的同時，支持自己的妻子。於是他開始向兒子解釋道：「媽媽是生你氣了，這是因為你沒有遵守不在沙發上喝牛奶的規矩。但是，媽媽非常愛你，她和爸爸一樣，只是想幫助你學習做事的規矩。」在小羅傑明白儘管自己犯了錯，但媽媽依然還是喜歡自己的時候，他停止了哭泣。在這裡同樣重要的一點是，因為羅傑發現他無法透過「拆散」爸媽的方法讓他倆彼此作對，所以他對父母之間關係的強度，其實是感到安心的。能夠經受住「從宇宙的中心轉化為眾多星球中的一顆」這段心理發展磨練的男孩，將會獲得一種全新的感受，那就是即便被父母之間的二元關係暫時排除在外，他也依然可以感到自己是被他們愛著的。就在幾個月之前，孩子剛剛獲得了心理學家們所說的「客體永久性」（object permanence），也就是了解「一個人或者物體即使暫時從自己的視線中消失，也不會不存在」的認知能力。而現在，小男孩們將會獲得「客體恆常性」（object constancy），這是一種「即使爸爸媽媽生我氣，或者不在我身邊的時候，他們依然會愛著我」的感受。[5]

對男孩而言，這是一個極重要的情緒發展里程碑。同樣地，客體恆常性也標誌著一個重要的認知飛躍，它表明小羅傑正在學習更為抽象的思維方式。這又是怎麼一回事呢？為了理解這個觀點，讓我們把剛才的小羅傑倒牛奶事件，放在心理學的顯微鏡下再來檢視一遍。小羅傑的最初反應是情緒性的：既然媽媽對他生氣了，那麼他便擔心媽媽會恨自己。這是一種自動化而且有點原始的反應。小羅傑不需要動用自己的思維，就能做出這種情緒性反應。我們所有人都會對別人的面部表情或說話語氣做出類似的情緒性反應。

然而事實情況是，愛琳並不恨自己的兒子。不過此時此刻，她感到生氣和不安，所以沒有辦法向兒子解釋自己情緒的複雜性。那麼此時爸爸的出場時間就到了。因為處在衝突之外，所以爸爸有能力向小羅傑做出這樣的解釋：「我知道對你而言，媽媽看上去好像在恨你，但她其實並不恨你，她只是對你倒牛奶這個行為感到心煩。」

透過承認小羅傑想法的合理性，爸爸的解釋不但確認並合理化了小羅傑的感受，而且還經由幫他理解媽媽的內心體驗拓寬了小羅傑的思維，讓他明白媽媽當時的內心體驗其實和他剛才的自動化感受（reflexively assumes）有所不同。透過澄清和解釋妻子愛琳的反應，克勞德可以讓兒子感到，自己的情緒是被爸爸感受到的，而且不會因此受到指責，這相當於把小羅傑從他的情緒中解放了出來，從而使他可用一種新的角度來思考現在的情況。因為沒有感到受到威脅和責備，所以小羅傑現在可以仔細考量父親所說的話。在這個過程中，爸爸其實就是在示範——用言語來幫助孩子調節自己的情緒。

經由這些互動過程，小羅傑的心智，從一個只能對外界刺激做出自動化反應的發展階段，來到了一個可以思考正在自己身上發生的事情的階段，甚至最終參透別人內在體驗的階段。這是認知發展上的一個巨大進步，這種進步以後還會發生很多次。我們在這裡需要著重指出的是：父親做為一個關鍵性的人物，會鼓勵孩子發展出概念性思維和抽象思維；同時也會幫孩子調控和引導自己的攻擊性和性欲衝動，幫助他們處理以憤怒、妒忌、恐懼為代表的各種破壞性情緒。

有趣的是，這種父子之間的互動，其成敗的關鍵實際上很大程度掌握在媽媽手中。做為家庭三角中的一角，她要明白、接納、認可甚至欣賞老公做為三角形中另一角，即做為孩子生命中重要的「第二他者」的地位。在小羅傑的例子當中，我們會看到，愛琳是允許老公向兒子解釋和説明她自己的情緒的。所以追根究柢，如果媽媽支持爸爸，那麼她就會幫孩子更清晰地看到爸爸在家庭中的重要性。

因此，要幫助兒子順利地度過這個分化的轉折期，父親的作用絕不可小覷。他一方面把兒子引向更寬廣的外在世界，另一方面還把老婆從一個純粹的媽媽變回自己的妻子。總之他的存在，既保護了自己的妻子，又保護了自己的兒子，防止他倆在共生的溫柔鄉裡徘徊太長太久。所以，我們説爸爸直接促進了所謂的「分離－個體化過程」（separation-individuation process），要知道這個過程對一個男孩的長遠發展而言是極其重要的。如果爸爸在這個極重要的發展階段不在場，那麼一個男孩可能這輩子都要承受其缺席的惡果。

菲爾的情況就是如此。雖然他是一名成功的律師，但是情感生活卻貧乏不堪。年近六十的他離過三次婚，和唯一的妹妹形同陌路，除了偶爾和自己的一個已經成年的孩子去體育館看看比賽，他幾乎是活在一種與世隔絕的狀態。更糟糕的是，在過去的十年裡他還做出了一系列不受自己控制的解離行為（disassociated actions），這導致他面臨刑事起訴，還切斷了他在職場以及個人生活中大部分的人際關係。

透過精神分析，我們發現菲爾的內心世界，用他自己的話說就是被一個「冷血的上帝」統治著。這個被假想出來的無所不在的「上帝」負責消滅菲爾身上僅存的人性，把菲爾身上屬於人的情緒和衝突視為「魔鬼」。我們知道，這個極度缺乏同情心的、一刀切的上帝，實際上是菲爾在小男孩時代為了在內心中給自己填補缺失的父親形象，而被錯誤地創造出來的，如今它卻讓菲爾陷入困境。

這種情況並不少見：如果沒有一個在場的、參與到孩子生活中來的父親（及其替代者）幫助男孩形塑一個仁慈且現實可行的自我理想，那麼這個小男孩就會用自己不成熟的心智，配上極端的道德感，以此為基礎造出一個異常嚴厲的超我。因此，菲爾把自己的內在父親形象說成是「一旦我的思想觸犯《十戒》，就隨時準備從灌木叢中跳出來，把我給宰了獻給上帝的摩西和亞伯拉罕」。所以我們看到菲爾的內心充斥著過量的被害焦慮、絕望和罪疚感。他也經常夢到一些理想化的人物，因為某些莫須有的罪名堂而皇之地把他殺掉。

我們在重構菲爾成長史的過程中瞭解到：他的父親做為一個貧困的東歐移民，為了讓自己的家庭在美國立足而忙得幾乎不能回家，而且他也無法把自己的小兒子菲爾視作一個獨立於自己的「他人」。於是在菲爾的童年時代，和父親的缺席同時發生的情況便是：他幾乎被扔在了一個純女性的世界中，這個世界由他的阿姨、奶奶、姊姊，還有那個既有侵入性，又時常憂鬱的媽媽構成。在他周圍，沒有人可以充當安全的客體把他引向外面更廣闊的世界。

基於這些原因，菲爾進入外在世界的過程顯得異常艱難。出於自我保護，他發展出了一整套狹隘而僵化的觀念系統，這些觀念規定了他該怎麼生活，該怎麼評估自己的價值。因為沒有父親做為榜樣向他展現出一種更加現實可行、更加寬厚的男性存在方式，菲爾給自己造了一個扭曲誇張的形象來充當自己的男性榜樣——此人不允許他的生活有限制，不許他有弱點，不許他有敏感脆弱的時刻。

做為一個男孩，菲爾也沒有機會從另一個視角來觀察自己和媽媽的關係。他囫圇吞棗地吸收了媽媽的價值觀，而且因為太年幼以至於根本沒法質疑它們，這使得他無法充分發展出自己做為一個人應有的個性。

父子玩耍：彼此受益

一個父親，不僅會以第三個家庭成員的身分走進兒子的內心，而且在與男孩的身體相似這一點上，父親是最需要去認同的人——兒子對父親的「認同」過程，會使他在恰當的成長節點，以一種健康的方式，發展出屬於自己的男性身分認同和男性自主意識。

尤為重要的是，老爸可以為兒子提供一個男性化的榜樣，而小男生們，則會各用各的方法模仿自己的爸爸。尤其是在生命的第二年和第三年，小男孩會開始變得對爸爸著迷，他們開始學著像爸爸一樣站著尿尿，有時會把爸爸的皮帶繫在自己的小肚肚上，會把爸爸的帽子戴在自己的小腦袋上，而且在學說話的階段，還會模仿爸爸說話的語調，時不時地裝個深沉。

但是這種男性與男性之間的連結，並不僅僅侷限在兒子模仿爸爸這一點上。老爸和兒子之間那種更為彪悍的、對抗性的遊戲，通常會把興奮和探索等元素帶到兒子的世界中來，會讓他們感到原來男性和男性之間不只是某些身體特徵相似而已，這個男性的世界其實可以充滿著歡樂、自發性和充沛的活力。這就是前面湯姆和伊恩的例子中，湯姆在遊樂場可以給他兒子帶來的東西——一種驚訝、興奮還有冒險的感覺。通過鼓勵兒子嘗試新事物（經由看似簡單的方法，比如鼓勵他們在遊樂場裡面挑戰單槓，鼓勵他們在車庫裡面敲鼓），爸爸可以逐漸幫助孩子分化。「分化」這個詞在精神分析學裡指的是：孩子逐漸發展為一個與自己的父母不同的、獨立自主的個體。爸爸會鼓勵兒子離開自己的舒適區出去探索，這就促進了兒子的分化。

男人長大以後，也會很難忘卻自己在這個發展階段與爸爸有關的記憶。我不知道傾聽過多少成年男人，幾乎是流著淚地憶起自己的父親：爸爸晚上把他們塞進被子時撓他們癢癢，和他們在客廳的地板上摔角，在湖裡或泳池裡游泳的時候扮鯊魚尾隨他們。我的病人愛德華，一個奔四的男人，在回憶起自己三、四歲那時爸爸倒在自己床邊伸懶腰，每次唸完嚇人的鬼怪故事之後都撓他癢癢，或給他一個大大的「晚安親親」的時候，笑得那個開心樣……

在我這裡，我也記得自己在兒子小的時候和他玩的一個遊戲（我和女兒也玩過）。我會躡手躡腳地進到他的房間，還會邊走邊說：「我要抓到你了……抓到你了……要抓到了哦！」兒子會變得非常興奮，他又想玩又有點害怕，還試圖從他可怕的老爸那裡爬開。每當我慢慢地靠近他，抱起他，撓他癢癢的時候，他就會高興地尖叫。我們之間的遊戲總會以父子倆抱在一起在地毯上打滾結束。在他的青春期，我倆仍然還在玩這個遊戲的新版本——每次他帶著那種讓人不舒服的青少年的不屑拿走車鑰匙的時候，我就會打趣地說：「你老爸我會逮到你……逮到你的哦……」

一旦父子之間建立起了這種特殊的連結，那麼他們就會變成一個男生「二人組」。男孩會逐漸明白，做為一個男人意味著什麼，會開始接納自身的男子氣概和自己的男性身體。能夠和兒子這樣廝混在一起的老爸，實際上就是在教兒子享受自己的男性身體，享受無害且沒危險的男性間的身體接觸。

正如精神醫學專家艾倫．肖爾（Allan Schore）在報告裡指出的那樣，這種父子之間的打打鬧鬧可以幫助兒子發展出某種必要的心理結構，來控制自己的攻擊性，調節自己激烈的情緒表達。[6]

然而很多男人沒有意識到的是：誠然，他們在幫扶著兒子走過這個發展階段，但與此同時，他們的兒子也在幫助自己的老爹搞明白，究竟什麼才是大寫的「男子氣概」。我一直記得自己和威廉的一系列談話。威廉是一個中年得子的富商。和我一起工作的時候，他已身處暮年，追憶著自己與兒子比爾之間的一些重要時刻，他說正是那些時刻改變了他的人生。

威廉告訴我，一直以來他都是一門心思想往上爬的那種人，所以即使有了孩子，他也從沒想過要改變自己的日常習慣。他吃晚餐的時候待在辦公室，一般要晚上七八點鐘才到家，那個時候兒子比爾早就睡了，他對此也感到稀鬆平常。但是在比爾三歲的時候，事情發生了改變。「和他玩耍，讓我開始覺得有點享受了。」威廉告訴我：「他會跟我一起吃早餐，在我喝咖啡的時候傻乎乎地告訴我些小事兒，什麼方糖實際上是輛小汽車，他要開車去旅行，還把自己在廚房餐桌上開車的見聞講給我聽……然後他會拿過我的報紙裝成大人的聲音讀，結果盡說些有的沒的故事，搞得我笑得東倒西歪的。」

大約也就是在這個階段，威廉意識到自己在辦公室裡，還沒到傍晚就會變得躁動不安。他滿腦子想的都是接下來怎麼跟比爾共度晚上的時光，而不是接下來的重要報告該怎麼做。他突然變得特別想趕回家和比爾玩。

「每天教他一些新東西，每天給他展示一些讓他驚訝得說不出話的新鮮玩意兒，」威廉若有所思地回憶道，「要知道我曾經也是這樣的啊！也是一個充滿著驚奇的男孩。但之前我已失去了那種對事情感到驚異的能力，是比爾把它還給了我。」

執業這麼多年來，我聽過很多像威廉這樣的故事——事業有成的商務人士，早已習慣了高檔酒店、四星餐廳，看球也是前排座——正是他們重新發現了身為人父的、簡單卻讓人有些意想不到的快樂。之前，這些男人把《聖經．哥林多前書》十三章11節的「我做孩子的時候，說話像孩子，心思像孩子，意念像孩子，既成了人，就把孩子的事丟棄了」刻到了心裡。

為了在這世間「成功上位」——為了成為商界巨頭，為了娶到「可以幫到自己」的女人，為了爬到公司的高層，這些男人會認為自己不得不放下，甚至擯棄他們身上柔軟的、如孩童般天真爛漫的特質。你要有狼性，要盯著自己的獵物，要培植自己的野心，要有競爭性，要自信，要對自己的線性思維能力感到自豪。

然而孩子，卻不是這般思考的。他們用積木堆高塔的時候，根本不會計較自己花了多長時間；他們願意聽相同的故事，即使一遍又一遍地聽；他們不明白為什麼每天下午五點鐘自己一定要「洗澡澡」……所以一個男人，如果想和自己的孩子建立真正意義上的關係，那麼他們就需要意識到：自己得重新發掘、重新獲取那部分兒童自我，對，就是他們曾經為了在外面的大世界中獲得成功而丟棄掉的自我。為了與自己的孩子在同一個頻道，他們需要找到一個後門重新溜回自己的童年，這並不是說要變得幼稚，而是說要學會珍視他們曾經為了追尋成功而拋棄掉的某些特質。如果一個父親，在孩子這個「神奇」的發展階段願意真正地參與進去，那麼，他自己曾有的玩耍的心態、好奇心、驚異感、興奮感，還有冒險精神，全都會復活。

因此，正如爸爸可以幫兒子意識到「我可以在變成一個男生的同時仍然和媽媽在一起」這件事情那樣，兒子也可以幫他的老爸找回並享受自己的兒童自我。能夠找回自己兒童自我的男人，通常又可以體驗到一種新的在世間存在的方式：他們在身體層面上會變得更有親和力。比如，他們會變得可以向其他人，甚至是其他男人表現出自己的依戀，他們在身體上是親和的，這是一種不帶性欲和競爭欲的親和，正如小孩子對他們不熟悉的人一樣，也會在身體接觸上表現出一種單純和天真。

兒子，也會幫助父親成為一個更加寬廣大氣的男人，我們來看看下面這個例子。艾倫是一個聰明勤奮的大學老師，工作之餘喜歡通過爬山來放鬆自己。他有兩個兒子，從他們很小的時候開始，艾倫就一直督促和磨練他們，要讓他倆在智力和體育方面雙優。大兒子伊凡對於爸爸的關切和高要求回應得很積極：他在小學裡一直是個「學霸」，而且還是籃球校隊和美式足球隊的明星球員。但是小兒子查理的處境就困難多了。在身體層面上，他是個圓滾滾的小胖子。在學習層面上，他更是在五歲就被診斷出有學習障礙。雖然為了取悅老爸，查理還是掙扎著想做一個運動員，但是他的運動技能著實缺乏，於是他順理成章地喪失了對體育的興趣，轉而去追尋藝術和音樂成就。於是，艾倫開始擔心起查理來，他擔心自己的小兒子終究無法「有出息」。「他不聰明，體能還不好，在這麼一個適者生存、競爭激烈的世界裡能有什麼出息呢？」艾倫想知道，「他看著自己的哥哥那麼優秀，而自己只能坐在哥哥身旁畫畫，吹單簧管浪費時間，他的自我感覺怎麼可能好呢？他將來要怎麼養活自己呢？」

後來艾倫跟我做精神分析，我發現自己會尤其留意他的童年成長史：艾倫的爸爸在他很小的時候過世。在爸爸去世後，媽媽一個人把艾倫拉拔大，一直沒有再嫁。經由分析，艾倫開始看到了那個童年的自己，是怎樣過早地承擔起「家裡唯一的男人」這個角色的——他不得不在自己準備好以前，就匆忙地長大，而且把這種揠苗助長的結果定義為「真男人」。最終他意識到，自己之所以會這麼擔心查理，是因為他把自己兒時那種「不夠男人」的恐懼投射到了兒子身上。

有了這層領悟，艾倫開始逐漸理解：成為男人的路其實可以有很多，做聰明的學者和強壯的運動員並不是僅有的兩條途徑。有了這層重要的理解，艾倫修復了和小兒子之間的關係，而這層關係一經修復，艾倫便可向我承認，他認為查理是「一個喜歡畫畫的好孩子，他將來甚至可能成為一個藝術家……也可能不會。重要的是，我現在看到的人就是他自己，而我也會鼓勵他盡全力做自己」。艾倫拓展了自己心中「男人」的概念，他現在也可以更舒坦地表達以前表達不出來的內在更柔軟的那一面。實際上，正是小兒子查理潛意識地影響了艾倫，讓艾倫接受了他先前一直不接納的那部分自我。

擁有欲望、野心和成就

小男孩會逐漸認識到，他們不僅跟媽媽，而且跟爸爸也有著緊密的關係，這兩種關係可以作為兩面鏡子，「照出」他們的自我意識。透過有意無意地評估這對關係，男孩會漸漸推斷出：原來他們擁有獨立於父母的自我。他們會開始把自己體驗為人，或者說「主體」（subjects），一個對物質客體或真實他人（媽媽和爸爸）有欲望的主體。如果爸爸可以充當一個正面的行為榜樣，那麼男孩就會感到自己有資格擁有自己的欲望。[7]

一個爸爸，可以透過識別自己的欲望，把兒子視為一個主體。這等於是給了兒子一個行為榜樣，允許他把自己體驗為一個可以通過主動去要和索取，從而滿足自己需要的、完整的男性。舉個例子，爸爸下班回來，小兒子急切地站在門口，看到兒子急切的眼神，爸爸立馬給了他一個大大的擁抱。這看上去只是一個簡單的互動，但是這裡面蘊含的父子情感同步關係卻十分了得：男孩想要爸爸注意到他，而爸爸做到了。於是他們在這個簡單的互動中，滿足了對方的願望。

此外，男孩會逐漸意識到父親可以獨立行動，從而得以在外面那個更大的世界中滿足自己的欲望和需要，長此以往他們在心裡會認為父親代表的是獨立和欲望，以及為滿足自己欲望而具備的障礙掃除能力。我們經常在遊樂場中看到：父親會強化兒子第一次挑戰單槓的過程中產生的興奮感。父親會看到並認同兒子探索新事物、獲取新體驗的欲望，而兒子則會看到父親的力量和幽默，把父親視為通向外部世界的橋梁，如此一來，外部世界中那些又大又恐怖的東西，就會變得相對好應付一些。

如果父親在這個關鍵時期缺席，那麼孩子長大以後，就會經常對自己的欲望和獨立性產生焦慮和恐懼。凱文就是這種情況。凱文是一個三十歲出頭的成功人士，他來我這裡尋求精神分析是因為他發現自己在生活中無法獲得任何享受。他說：「我比伍迪．艾倫（Woody Allen）還要神經質。」和一個女人同居五年，但他卻始終強迫性地懷疑這段感情，無法給出任何承諾，兩人也沒有了性生活。

隨著治療的進行，我們發現原來凱文一直希望爸爸回到自己身邊，讓自己從媽媽的各種影響和焦慮中走出來——他媽媽太害怕男性的世界了。凱文會愉快地回憶與爸爸之間的親密時光，爸爸在他還是個小男生的時候會把他塞進被子，會和他一起玩「鬥牛」。

但是在凱文童年的某個階段，爸爸逐漸退出家庭生活了，而凱文則被完全交給媽媽撫養。媽媽對凱文保護得有些過度，以至於連棒球賽都不准他去看，因為擔心他被飛來的球擊中死掉。他還說，媽媽後來也反對他和爸爸鬥牛，因為擔心會受傷。爸爸答應了媽媽不再這麼玩，而凱文則覺得，自己生活中的大部分樂趣也隨之而逝了。最終，爸爸完全離開了他的生活。

所以，凱文長大以後會感到與人疏離，也無法在戀愛中給出承諾。無論何時體驗到身體的欲望或愉悅，他好像都能聽到媽媽提醒自己周遭有危險的聲音，然後自己就把自己給嚇住了。所以很遺憾，他害怕一切不受媽媽掌控的東西，而且始終沒有一個父親可以對此做出干預。要知道父親的職責就是告訴兒子：本能衝動是可以被調節且被享用的，不是只拿來害怕的。凱文的父親本可以把他從母親的焦慮海洋中「救上岸來」。但是他辜負了自己的兒子，沒有給他提供一條逃生的通道，沒有讓他從和母親的高濃度共生關係中逃出來。

這種模式並不少見。如果父親在兒子生活中的參與度不高，那麼兒子就會被一些與母親相關的嬰兒期欲望逼得「退行」（regression）。反之，如果父親給兒子提供了陪伴和行為榜樣，那麼母子之間過強的連結就會得到緩和，男孩的注意力和興趣就會轉移到外部世界中去，而不是一直放在和媽媽之間的那個溫柔鄉上。我們在接下來幾年的發展中會看得更清楚：一個參與度高的父親可以幫助兒子學會如何在自己的欲望和別人的欲望之間，找到寶貴的平衡。

如何設定限制和樹立權威

顯而易見的是，一個父親透過給兒子示範出被社會接受的男性行為，通過同理兒子的分化需要，可大大幫助兒子成長。但是有的時候只有同理還不夠，父親還要傳授更多外在世界的經驗給兒子。接下來讓我們來看看尼爾的例子。

我為尼爾做分析的時候，他五歲的兒子山米當時還很抗拒如廁訓練。尼爾本人的父親是一個相當自戀的人。實際上尼爾關於父親的大部分記憶，都與自己被羞辱有關。托父親的福，尼爾本人曾發誓一定要以不同的方式對待自己的兒子。結果，每當他碰到兒子有情緒，都會非常同理，甚至到了一種過分的程度，以至於無論什麼時候兒子便便在褲子上，尼爾都會說：「沒關係的，你只是需要更多時間。」

有一天，尼爾意識到這個策略行不通，除同情心以外，他的兒子可能還需要其他一些東西來完成如廁訓練。遺憾的是，尼爾並沒有一個內在榜樣來幫自己成為一個既不侮辱兒子、又有權威感的父親。於是我開始鼓勵尼爾探索——他是怎樣潛意識地吸納了父親的態度（雖然他的行為，在自己看來跟父親截然相反）。接著在分析當中，我們開始為他建構一種新的父性力量，因為他一直渴望擁有一種慈父的引導力和權威感。在這個過程中，他不但領悟到了自己的潛意識模式會怎樣被父親過去的行為給啟動，而且他還部分認同、內化了我在面質他被動性過程中的對事不對人的風格。也就是說，他成功地「使用」我的形象，發展出了一種健康的父親權威感。

後來有一次山米沒來得及去廁所又便在身上了。這一次，尼爾堅定地對他說：「兒子，不能再這樣下去了。一個五歲的男孩還在褲子上便便是不行的。這對你會很不好。其他孩子也會嘲笑你，把你當嬰兒看。爸爸不希望你經歷這些。我知道這對你來說有點兒可怕，但是從現在開始我要幫你一起克服這件事情。」

尼爾當時並不確定小山米會對此做何反應，但結果還是讓他挺驚喜的。山米看起來對爸爸展現出自己的力量，對他可以明確指出什麼可以，什麼不可以被接受——也就是設定限制的能力回應很積極。也就在幾天後，尼爾歡欣地給我發了條語音留言，告訴我山米最終做到了正確如廁！

尼爾是個典型的例子：一個男人盡全力不變成自己的父親，結果一心朝著截然相反的方向做，卻終因補償過度而犯下錯誤。是的，小男孩需要父親的同理，但他們同樣也需要父親的權威性指導，需要父親為自己設定行為限制，從而完成自己的社會化發展任務。對小山米而言，理解他的情緒固然重要，但只有這點還不夠。尼爾身為父親的職責，不只是要對兒子表現出同情心，他還需要看到，兒子在某個階段發展受阻時，自己做為父親，是需要推他一把的。

尼爾幫助山米進入了下一個發展階段，與此同時他經由參與兒子的生活，也讓自己產生了新的智慧：一個人可以在有自信、有威嚴、甚至在有點固執的同時，不羞辱他人。因為早年和自己父親之間不愉快的經歷，尼爾從來沒有辦法區分什麼是「霸道的獨裁」，什麼是「建設性的權威」。但為了幫助兒子，他學著掌握了恰到好處的權威感，這就為自己的人格增添了一種新的行為模式，完善了對自己的男性身分認同。

參與度高的父親可以教自己的兒子（同時也被兒子教導），較不以非黑即白的視角來看待這個世界。通過這段父子連結，兒子明白了他既可以經歷不同類型的關係，也可以處理由這些關係所喚起的各種情緒。同時，父親也會因此明白：一個男人的成就世界和關係世界並非二元對立、水火不容。

兒子生命最初這幾年和父親建立的情感連結對關係雙方都有好處，甚至會有療癒作用，但是它在接下來將會面臨挑戰。如果說在童年早期，孩子會發現自己具備強烈的情感，那麼在接下來這個發展階段，他們就要學習如何控制這些情感了。所以在接下來的伊底帕斯階段，父親要幫助兒子調節情緒，兒子則會幫父親處理棘手的同性競爭等議題。實務證明，前面幾年的父子連結越牢固，後面幾年的日子就越輕鬆。

第 4 章

童年早期：父親把伊底帕斯階段的男孩領進男人的世界

教導孩童，使他走當行的道，
就是到老他也不偏離。

——《聖經．箴言》二十二章6節[1]

西格蒙特．佛洛伊德把男孩三歲半～六歲這個發展階段，命名為「伊底帕斯階段」（oedipal stage），親密感和競爭性是該階段最顯著的兩大特徵。在此階段男孩依然會尋求父親的指導，但是在自己的自主性和成就欲等重要方面，他會開始向父親吹響進攻的號角。如果這個階段父子之間的衝突能夠以協商的方式成功解決，那麼兒子將學會創造性地運用自己的攻擊性、競爭心和探索欲，由此獲得一種健康的陽剛之氣。

在本章中，我將會探討父親該怎樣幫助兒子成功地探索男人的世界，而兩人又會怎樣「纏鬥」在一起——這種纏鬥可以為將來在家庭外面的世界中遇到類似情況做演練。父子爭鬥的形式是多樣的。接下來，我們來看看發生在我的病人馬蒂和他五歲的兒子傑森之間的一個例子。

馬蒂向我傾訴他的煩心事：他和兒子傑森坐在一起拼樂高積木，他發現自己真的很享受這個過程，於是就很自發地對傑森說了一句：「嘿，我的塔越來越高了哦。」沒想到這麼一說，反倒把小傑森那股競爭拗勁激發出來了，他宣稱自己的塔要比老爸的「高大很多很多」，而且立刻就抓了一把樂高積木往自己的塔上疊，結果因積木加得過猛導致整個塔開始搖晃，以至於最後終於垮掉了，積木散落一地……而傑森開始哭泣。

馬蒂心裡對自己塔的牢固性感到頗為滿意，於是他花了點時間安慰傑森，還幫他重建了塔。在這個過程中，馬蒂教兒子要把塔的基座打牢，但傑森並沒有興趣打基礎。他就是要按自己的方法再來一次，把一塊又一塊的積木直直地往上堆。

現在傑森可以驕傲地誇口說自己的塔比老爸的要高了！但是話音剛落塔又倒了，情況跟第一次一模一樣。只不過這一次傑森感到更憤怒更受辱，他開始哇哇大哭。

馬蒂向我吐露出心聲，他說其實自己當時很想告訴傑森：「我就跟你說過這樣會垮的吧！」當然在現實中他很明智地沒在兒子的傷口上撒鹽。但是，他又真的不確定自己在這種情況下該怎麼做，於是他問我：「你說我**該**說什麼呀？你要知道在我內心深處不可否認的是，我還真得意看到自己的塔完好無損而兒子的垮成一堆廢墟，你說我該拿這種感覺怎麼辦才好？」當然，最後馬蒂還是告訴兒子沒關係的，他可以再來一遍，但傑森壓根沒理他，說了句「別理我」，就衝出了房間。

這個充滿伊底帕斯階段的小敵意的片段，提醒著父親要看到自己和兒子相處時的競爭欲，這種看到和識別是很重要的。我在本章稍後的部分會詳細闡明這個重要的點，那就是父親在兒子的伊底帕斯階段，要努力學會用建設性的方法來表達自己的攻擊性，因為在這個發展階段父親所扮演的主要角色是一個引導者，他要把自己的兒子安全地引向一個男性的世界。

兒子在這個階段尤其需要父親，因為男孩到三歲以後，會開始認清一個痛苦的事實——「無論我跟媽媽多麼親密，在身體和生理上我和她就是不一樣」。這種認識對他而言不只是一個打擊，而且還會改變他的自我認知。與此同時，在三歲到四歲之間，男孩在身體和情感上還會經歷一段和母親逐漸分化的過程，即使他們之前極為親密。然而正如很多精神分析發展心理學家們所描述的那樣，男孩與母親分化的過程，既令他感到困惑、恐懼和悲傷，又讓他感到興奮和刺激。[2]可以想像，如此重要的一個轉折階段擺在他們前面，男孩會本能地向爸爸尋求幫助。

父親塑造兒子的男性性別認同

一個參與度高的爸爸會同理兒子與媽媽分化的需要，與此同時他還會為兒子提供另一個健康的愛的客體——他自己。要向兒子成功地展示這段相對新的親情的價值，一個重要的部分就是要讓兒子清楚地看到父子兩人在男性性別特徵方面的先天相似性，而這種相似性最終也會慢慢地幫兒子獲取到屬於他自己的、健康的男性性別認同感（male identity）。

比如，即使很多男孩先前就學會了使用抽水馬桶，但是只有到了伊底帕斯階段他們才會為自己可以站著尿尿而感到驕傲（以及愉悅）。他們此時也會注意到：站著尿尿這個動作爸爸也可以做，但很明顯媽媽做不到。所以這個新技能會使男孩更關注自己和爸爸之間的相似性，而不是和「好媽咪」（pleasing Mommy）之間的相似性。

此外，除了站著小便以外，爸爸在洗手間裡所展現出的一些男性行為如刮鬍子，也是可供男孩模仿吸收的獨特男性元素。經由模仿和吸收這些男性化行為，男孩逐漸和他的母親及其所謂的「女性化特徵」區分開，他們的「核心性別認同」（core gender identity）由此獲得了爸爸的支持，而他們的性別角色意識，以及那股初見雛形的陽剛之氣也得到了加固。

爸爸可以教自己的兒子「在風中尿尿」，還有在馬桶裡面「尿出泡泡」，又或者說明兒子享受在瞄準目標的過程中對自己生殖器產生的觸摸、熟悉，以及控制感，就好像這是一個新找到的玩具一樣。孩子在學習自主控制生殖器的過程中，可以產生各種奇思妙想和愉悅感，這是一個新的發展。他們在更小的時候不會直接體驗到這些，但是現在這些體驗都得到了強化，因為他們可以在爸爸在場的情況下，驕傲地展示自己小小生殖器的力量！這是一種健康的表現欲，這種表現欲和與之相伴隨的性器全能感，實際上是在告訴我們：男孩在這個階段強烈地需要爸爸的欣賞，也需要和爸爸之間相互認同。[3]

另外，爸爸和兒子一起小便，會讓兒子感受到一種男性的榜樣力量。在這種力量占主導以後，媽媽和男孩之間曾經的祕密就變得沒那麼重要了。這標誌著一個男孩基本上已經開始享受與男性之間的連結了。

我永遠不會忘記，有一次和我的兒子艾利克斯一起去洛杉磯看NBA籃球賽的經歷。

比賽過程中我們父子倆上了好幾次廁所，其中有一次艾利克斯站在小便池前，發現自己身邊站的竟然是洛城的體育英雄——洛杉磯道奇棒球隊的傳奇球星達里爾．史卓貝瑞（Darryl Strawberry）——兒子一直盯著他看，我想他是被身邊站著的這個巨人給驚到了（史卓貝瑞身高兩百公分）。接下來，他對史卓貝瑞說：「我尿尿可以正中靶心，你可以嗎？」史卓貝瑞撲哧的一聲笑了出來，他的笑容那麼溫暖，但讓我終生難忘的，是他對我兒子的「成就」釋出善意的肯定。當然，父子兩人絕非只在廁所裡對彼此的身體感興趣，他們在地板上的嬉戲打鬧和兩人之間的「比腕力大賽」，也會讓他們各自對對方更有興趣。

這種強健的、有創造性的攻擊性以及軀體上的愉悅感（伴隨著一種玩耍的態度、興奮感和探索欲）會讓一個兒子確信：男性的世界是充滿著愉悅、自發性和生命力的。如果父子兩人可以享受彼此間的身體接觸，尤其是以大肌肉運動為代表的身體接觸，那麼兒子就會模仿自己的父親，而這種模仿反過來又會深化他自己的男性身分認同。通過這種打鬧式的玩樂，男孩可以直接體驗到父親那節制而具有權威性的男性力量，而他們也將學會如何創造性地使用自己的攻擊性。簡而言之，一個男孩主要透過認同父親的男性軀體，其有節制的攻擊性，他的自主性，以及急切的探索欲，來形塑自己最初的那份陽剛之氣。

與母親分化：關於「男子氣概」的再定義

父親創設了一個安全區，在這個區域裡男孩可以表達自己的自主性、好奇心甚至是攻擊性。

通過創設這個安全區，父親也給兒子上了另一課：所謂的男子氣概，或者說陽剛之氣，也有它柔軟、滋養以及保護性的一面。之前，男孩會把這些關懷的品質與母親聯繫在一起，但是現在，他會意識到爸爸和媽媽一樣也可以關懷他，所以他會發現：情感和關切並不只是女性獨有的特質。兒子在爸爸身上看到了他對自己的愛，加上之前就已經認同了的彼此之間的相似性，如此一來，兒子就可以沒有矛盾地去愛爸爸了。靠著這層愛的連結，兒子便不必斬斷自己身上那些「柔軟」的品質，他可以在維繫住這些品質的同時，覺得自己是個「男人」，因為他不必再把柔軟全然歸於母親——他在自己的父親這個男人身上也看到了柔情。

同樣，父親也可做為一種調控的力量，防止兒子把自己身上的女性化特質看得過於非黑即白。具備了這種認識的男孩，不會把所謂的男子氣概看得太僵化，而會相信它是多樣的。他們亦不會把「男性化」這個概念看得太過非黑即白，而是會把它感知為一種複雜的、父母雙方都有的、多方位混合性認同。於是，男孩可適時地承認和接納自己與母親的緊密連結的失去，與此同時也會意識到自己新整合進來的男子氣概並非脆弱易碎，其內核是相當柔韌且安全的。這樣長大成人的男孩，因為接納了更有流動性、更柔韌的陽剛之氣，所以這種「陽剛」也就更為健康、不偏狹。

因為一個兒子不把男性和女性氣質看得截然不同，或者視為一個光譜的兩個極端，所以這個兒子可以跟母親逐步地而非驟然地分離；輕鬆地而非創傷性地分離；部分地而非整體地分離。如果一個兒子可以同時整合媽媽和爸爸的特質，不需要認同一個就被迫放棄另一個，那麼這孩子就會體驗到自己是一個自主的個體，他和母親之間的分化也就會進行得更加自然。

要培養兒子健康的男子氣概，父親需要持續在場

在男孩成長為男人的過程中，要獲得男性性別認同與性別恆常，是一個艱難的過程。這是因為在男孩的成長過程中，他們會從家庭內部和外在世界兩方面接收到強有力的資訊，告訴他們必須停止認同自己的母親。的確，很多男孩不但不被鼓勵和媽媽黏在一起，也不被鼓勵表現出一般意義上的女性化行為，而且他們還常常被催促著過早地和媽媽分離。所以為了體驗到自己的男性特徵，男孩常常被迫摒棄自己身上所有的女性化特徵。而且他們一旦表現出某些跨性別的行為和態度，家長、同齡人，甚至整個社會都會對此表現出強烈的負面反應。[4]

「剪不斷臍帶」的男孩會被斥為「媽寶男」或者「娘娘腔」。文化會動用羞辱機制來確保男孩到達一定年齡後就要離開母親，而且要停止所有的女性化行為。很多男孩在成長過程中，經常會因為表現得像個女孩而受到近乎殘酷的羞辱，所以羞恥感對男孩而言是一種尤為敏感的情緒。因為這種針對女性化行為的羞辱來得太早，強度太大，所以男孩心裡就只想著逃離被羞辱的厄運。為了不讓自己暴露在羞恥感中，他們中的很多人不得不在男性化和女性化行為之間，劃出一條僵硬的分界線。

然而大多數男孩在內心裡，仍想找回或留住在其生命最早期，和媽媽之間的某些美好的關係體驗，即使他們知道必須要在表面上否定它們。所以在很多男孩甚至男人心中，一直會存留著這樣一種渴望：渴望那種他們曾擁有過的，但今時今日在意識層面上卻再也無法接受的母子連結。正因為有這個矛盾，我們才能理解為什麼會有那麼多男人懷疑自己的男子氣概，會一直想加以補償，並耗費那麼多能量來不斷確認它。因為和媽媽的關係塑造了他們人格的最底層。但一旦感知到這個底層，他們就會擔心自己不是真男人。

很多男孩以及長大後的男人，用僵化、誇張的方法固執地追尋著一種刻板的男性行為方式，精神分析把這種現象稱為「陽具崇拜」（phallicism）。在這裡，陽具指的是男孩的陰莖，在陽具崇拜裡，陰莖實際上被當成了一種神祕的、具有原型色彩的石柱或護身符。這塊石柱可用來象徵堅強、獨立、力量、無限生長，當然還有男性的全能感。它可以防止男孩體驗到失去，尤其是失去和媽媽之間的親密。陽具崇拜讓男孩可以在潛意識中肆意地想像：我的陰莖可以征服這個世界，這也包括我的母親；有了陰莖，我就不會再被視作一個匱乏之人，或者脆弱的人。[5]

當然，這種「陽具自戀」（phallic narcissism），在男孩的發展歷程中出現，其實是一種自然的、適應性的現象，但在男孩長大以後，再這麼自戀就會顯得比較原始，對他而言也就不再具有適應性。我們同樣也發現，擁有「夠好的父母」的男孩——也就是有一個認可且支持兒子男性特質的媽媽，以及一個參與度高、對兒子情緒回應性強的爸爸——那麼，這個男孩的陽具自戀，其支配地位會自然而然地消退。在此之後，一種更為整合的男子氣概會得到發展。

但是，在男孩的早期個體化過程中，如果他的陽具崇拜長期不消退，那麼重要原因之一，就是缺少一個可以幫助他的父親。因為缺少父親，所以這個男孩只能發展出一種不承認自己有弱點、有錯誤、還有依賴性的無比生硬的男子氣概。他被卡在了陽具自戀當中，而且這種男孩在建立親密關係的過程中也會遇到相當大的麻煩。

我所主張的男子氣概強調兼收並蓄，在理想的情況下，一個男孩既必須整合男性化，又必須吸收女性化特質。若要發展出這種男子氣概，須有若干個要素就位。首先，小男孩需要一個參與度和回應度都較高的父親來引領其發展。然後，這個父親不但要尊重兒子的獨一無二性，而且在心裡也要尊重女人和女性特質。最為理想的情況是：這位父親既有權威性，能夠指導兒子，同時他對自己的男子氣概也有足夠把握，所以也能夠在情感上滋養兒子，對其需求足夠敏感。

為了支持兒子獲得男性身分認同，父母雙方都需要認可並接納伴侶身上不同於自己的特點。如果父親不憎恨或害怕女性，如果母親不憎恨或害怕男性，再加上一個容得下競爭的支持性家庭氛圍，那麼這個男孩就不必被迫與父母中的一方結盟，去反對另一方，如此一來他在情感上也就不必再自我撕裂。

被這樣對待的男孩，無須急速地、劇烈地切斷和母親的連結，摒棄一直以來對她的依附。相反地，他會發現其實自己可以把「臍帶」拉長，讓它變成一根柔韌有彈性的安全帶——一種象徵著保護和庇佑的強有力符號。當他轉向自己父親的時候，會發現父親正在那裡等他，準備把他引領至男人的世界。如此一來，一個參與度高的父親既是兒子男性化過程的促進者，又是它的緩衝者：一個父親對自己的男子氣概越有信心，他就越有能力幫助兒子完成從依附母親到認同父親的轉變。[6]

對一個參與度高且有愛的父親而言，他在展現出溫柔和關愛的特質，也就是那些被社會界定為女性化特質的時候，其「性別角色認同」（gender role identity）並不會受到威脅，也就是說他做為一個男人的核心性別認同不會遇到問題。所以，他們即使表現出一定的權威感、攻擊性、主導性或獨立性，他們也不會覺得自己更男人，他們也不需要通過表現得像個「大男人」來降低自己的焦慮。相反地，他們能夠接納自己的性別侷限，而且也相信真正的男性化特質，具有兼收並蓄的氣度。

如果在這個階段，男孩無法從足夠好的父親那裡獲益，無論這個父親是缺席還是不能用建設性的方法幫助兒子，那麼這個男孩在以後的生活中，可能會遭遇到一些極端的困難，賽斯的例子即是明證。

賽斯是一個搖滾吉他手，在表面上他顯得很「男人」，但在他內心深處，出於某種原因始終植根著一種羞恥感。他告訴我，從五歲開始他就覺得自己是個「娘娘腔」，結果這導致他固著在一種防禦性的陽具崇拜之上——他透過一些誇張的、清高的、「酷酷的」男性化小動作，成功地讓自己摒棄了感性的那一面。

賽斯的父母在他七歲的時候離婚，他是兩人的獨子。一方面，賽斯的父親極其自戀，輕視女人，很容易發脾氣並在之後做出衝動行為。離婚後父親又結了兩次婚，在每段婚姻裡他都有婚外情。他還會不斷地提醒賽斯，要他當心女人，因為「女人會想方設法地利用男人」。

另一方面，據賽斯說他的媽媽又對他「非常溺愛」。他告訴我，媽媽不喜歡他交女朋友，在他二十歲前不鼓勵他學開車。他還告訴我，直到最近他才發現自己小時候，媽媽餵他母乳餵到三歲。另外，和爸爸很像的一點是，媽媽對自己的前夫，甚至整個男性群體的批判性都極強。

今時今日，賽斯發現自己正在拚命地尋找一個「父親一般的長輩」，來幫助自己發現「真實的自己」，用他自己的話說就是，幫他體驗到「做自己是沒有問題的」。在我們治療的早期，他感到迷失。有時候他表現得像個小男孩，有時候又像一個拚命尋找方向的青少年。他的人格發展似乎處在一種遲滯狀態，他來找我更多地是想被「餵養」，而不是探索自己的問題；也就是說他要求我在場，並且注意力完全集中在他身上，除此以外他似乎什麼也不要。他每週都來和我面談，從不缺席，以至於最終我發現自己成了那個他一直在尋找的父親：一個善良且充滿愛的導師，那個可以幫他既深又廣地理解自己和世界的人。

賽斯經常提及讓自己男子氣概不穩定的自卑感和羞恥感，具體來說就是：每次當他發現自己沉溺於「陰柔脆弱」的行為當中時，緊接著就會體驗到一種控制不住地想要「藏起來」的欲望，他說他想把那個「感性的自己」藏到「一個昏暗的山洞」裡去。這個山洞暗指一個可以掩飾他感性和女性化自我的地方。這個山洞很暗，說明他早年在身體層面上對媽媽認同之深、之駭人。

治療的第三年間，賽斯描述了一個夢境：他在一個朋友家裡看到了一架鋼琴。他開始彈奏，然後開始止不住地哭泣，感到極為悲傷。這時他開始體驗到尷尬，想要在沒人看見的情況下離開房間，但最終他既藏不住自己的情緒，也沒能離開這個房間。

複述完這個夢境以後，我們開始探索賽斯對於一想到觸碰媽媽就會產生的「嫌惡感」，以及他長期以來對於「女人味重」的女性的恐懼。這些感覺，毫無疑問地緣起於他在伊底帕斯期這個關鍵階段，跟爸爸之間沒有連結這個事實。在伊底帕斯階段，社會期待著男孩和他的母親分離。但是賽斯的母親把他綁得太緊，而他當時又沒有一個父親般的人物來替他鬆綁。雖然極不情願，但他除了被母親綁住以外，別無選擇。

這個夢境還給了我們一個機會來討論：因為沒有一個成熟的父親在場，賽斯是怎樣感到在成長過程中被困住的。由於缺少一個健康的成年男性供自己認同，而且跟媽媽綁在一起又壓根不知道什麼是「男子氣概」，所以賽斯給自己創造了一種非常僵化的「男子氣概」。這是一種非黑即白的性別身分，其準則是：要嘛是大男人，要嘛就是娘娘腔；要嘛強大而獨立，要嘛羸弱而黏人。於是根據這套模式，賽斯為了讓自己感覺像個男人，只能摒棄身上所有「陰柔」的特質。

在治療賽斯的過程中，我要扮演的一個必不可少的角色就是一個榜樣，向他展示一種全面的、父性和母性特質相容的男子氣概。這幫他認識到：先前狹隘的男子氣概定義，讓他既疏遠了自己，又疏遠了他人。通過探索這種狹隘男子氣概定義所含的矛盾，也通過揭示他為適應早年家庭環境而給自己套上的潛意識枷鎖，賽斯得以運用自己的洞察，最終跟自己實現了內在停火。因為不再自己跟自己作戰，所以他開始意識到男性化和女性化的特質其實都是可以為己所用的，不是用了一方，另一方就一定要遭禁止。

由於男性化和女性化的特質之間的持續互通，我們看到一種健康、穩定、流動而有韌性的男子氣概出現在了賽斯身上。我認為，一個男人開啟並將這種互通持續下去，是他忠於自己生命多樣性和複雜性的唯一途徑。

父子競爭：一同面對伊底帕斯階段挑戰

在理想的情況下，因為有了夠好的父親的指導，男孩們已經比較好地建立起了自己「最初的男子氣概」。等他們到了上幼兒園的年紀，則會面臨一項全新的挑戰，人們一般把這項挑戰稱為「伊底帕斯衝突」（oedipal conflict）。

伊底帕斯階段是兒童的一個關鍵發展期，這個時期用「伊底帕斯」來命名，其典故來自古希臘的偉大悲劇作家索福克勒斯所作的《伊底帕斯王》（*Oedipus Rex*）。現在讓我們來看看這個故事最直白且廣為人知的版本：古希臘城邦底比斯的國王拉伊奧斯，從神諭中得知自己新出生的兒子伊底帕斯長大以後會弒其父娶其母。為了防止這齣悲劇發生，他命人把還是嬰兒的伊底帕斯拋到荒郊野外等死。然而，在偶然的情況下，一個牧羊人發現了這個棄嬰並把他帶到了另一個城邦科林斯，在那裡伊底帕斯被王室收養了。

伊底帕斯成人以後，他聽說了自己將會弒父娶母的神諭。為了防止這個情況發生，他立即從科林斯逃去了底比斯，但當時他依然認為養父母就是自己的親生父母。在逃亡路上，他在一個岔路口跟一個男人鬪於路權問題發生了口角，伊底帕斯一怒之下殺死了對方，卻並沒有意識到這個男人，實際上就是他的親生父親。

來到底比斯以後，伊底帕斯解開了一個謎題，袪除了底比斯的瘟疫，感恩的底比斯人於是推舉他為國王，因為老國王拉伊奧斯剛剛被人殺死。做為獎賞，伊底帕斯還迎娶了老國王的遺孀，也就是他本人的生母，柔卡斯塔王后。多年以後，諸神發現伊底帕斯在擅自篡改自己的命運，於是他們怒不可遏地讓瘟疫再次降臨到底比斯。伊底帕斯被告知：只有殺死老國王拉伊奧斯的兇手被公之於眾，這場瘟疫才會消散。伊底帕斯遂發誓要找到真相。然而等到最終真相大白的那一天，他才發現自己是兇手，更不要說還娶了自己的生母，而且和她生下了幾個孩子。絕望之下，柔卡斯塔王后上吊自盡，而伊底帕斯則用柔卡斯塔的胸針挖出了自己的眼睛。雖然伊底帕斯想逃離自己的命運，但最終卻恰好墜入命運之網中，而他終究還是自己厄運的執行者。

索福克勒斯的作品問世兩千年以後，佛洛伊德借用這個故事闡明了一種被他稱為「伊底帕斯情結」的心理現象。佛洛德認為在這個發展階段，男孩會幻想自己從媽媽的寶寶變成了她的情人，從爸爸的寶寶變為他的競爭者。換言之，父親、母親以及兒子將會進入一段以欲望、競爭、妒忌、拒絕，以及攻擊性為代表的三角關係。佛洛伊德的觀點最重要的部分在於：小男孩似乎迷醉在自己新近獲得的男子氣概之中，從而進入到一個和父親爭奪母親關注的發展階段。

在男孩心中實際發生的情況是：他體驗到了一種創傷性的喪失——他和媽媽之間在生命更早期的那種共生關係，如失樂園般地逝去——這讓他感到自己需要變得足夠強大，以擊敗任何擋在自己和媽媽之間的力量。他潛意識的願望是與媽媽重新合而為一，但在伊底帕斯階段，這種願望典型的表達形式就成了要征服和佔有母親，要穿透她，要把她完全占為己有。這就是「陽具能量」的一個表現：小男孩會幻想純粹的意志力量可以超越世間所有的限制。具體地說，他認定自己可以取代父親，贏得母親。

然而，一旦小男孩沉浸在這種新生的男性力量感之中，他就會開始害怕這種力量被自己的對手——「報復性的父親」給奪走。那種巨大的力量感，會使男孩害怕在現實中比自己強大得多的父親，怕父親能讀出自己的心思，揭穿自己隱祕的欲望，而且還因為自己有這些想法而施以報復，對自己展開反擊！父親的終極反擊就是閹割掉兒子，不但讓他失去力量還讓他失去男性性徵。這就是所謂的「閹割焦慮」（castration anxiety）。它代表著男孩對失去愛和失去欲望感受能力的恐懼，同時也代表著對被父親懲罰和羞辱的恐懼。

所以男孩在這個階段，會因為自己有攻擊父親、與他競爭的衝動而感到恐懼。為了不被這種恐懼吞沒，男孩需要學會疏導自己的衝動。再一次，他們會向自己的父親尋求幫助。但有趣的是，這一次父親也很有可能體驗到相同的和針對兒子的對抗感、憤怒感還有攻擊性。無論這個男人多老，他都逃不過這些情緒。

現在我們回過頭再來看看伊底帕斯的傳說，實際上，它絕不像佛洛伊德和早期精神分析思想家們所說的「男孩想弒父娶母」那麼簡單。在這個故事裡面，我們也要看到老國王拉伊奧斯，其過度的甚至想要篡改神諭的那份驕傲，還有他殺子的意圖！實際上，很多當代的精神分析師會更聚焦於研究代表著父性黑暗面的拉伊奧斯，而不再是伊底帕斯。[7]

在這個階段中，一個父親要透過識別和控制自己的競爭衝動來幫助自己的兒子，如此一來他就會再次做為一個積極的行動榜樣出現在兒子的生活之中。即使是在競爭對抗的氛圍中，一個父親也可以驕傲於兒子尚在萌芽的男性攻擊性力量，並加以鼓勵。這種驕傲和鼓勵是父愛真摯性最好的明證，它也會幫著撫平兒子在此階段難以規避的憤怒情緒。

本章開頭所討論的馬蒂和兒子傑森之間發生的情況，就是一個很好的例子。在傑森衝出房間幾個小時後，馬蒂發現傑森把馬蒂的塔也給踢倒了，積木散落一地。馬蒂被觸怒了，他開始大聲地咒罵，直到這時，他才發現自己不得不找個法子調整一下情緒。他敲了敲傑森的門：進去之後，他發現兒子正躲在被子底下瑟瑟發抖，他意識到兒子肯定是聽到了自己的咒罵，現在正感到害怕和無力。

儘管馬蒂很生氣，但他並不希望把傑森羞辱一番，但也不希望鼓勵他逃避自己的責任。幸運的是，馬蒂擁有基礎的心理學知識，他知道傑森的競爭性衝動，也明白他對一個比他強大許多的父親的恐懼。於是馬蒂冷靜而堅定地坐在傑森的床邊，告訴他：「傑森，你這樣做是不對的，如果你破壞了別人努力完成的東西，那麼你是要自己來『收拾殘局』的。」在親吻兒子、跟他道晚安之前，馬蒂還告訴傑森：「我理解你真的想要造出『最高的塔』，但是有時候事情總不如人願，所以呢，我們還是要學習更好地處理自己的失望情緒，不是嗎？」如果這個階段父親不在場，那麼男孩即使在成年以後，都還會遭受妒忌感和被排斥感的折磨。

讓我們來看看戴夫的例子。戴夫是一個前來尋求治療的四十多歲的中年男性，他來求助是因為在家裡感到越來越易怒。戴夫把自己形容為「善妒的那一型」，他抱怨自己的妻子花太多時間跟她自己的朋友打電話，幫他們十四歲的兒子輔導課業，花太多時間幫十七歲的女兒購物……戴夫自己總是感覺被妻子扔在一邊，受盡冷落和忽略。

在治療的過程中我們逐漸發現，戴夫的父母在婚姻中有太多的矛盾和糾纏，以至於完全沒有為孩子們留下任何空間。所以在小的時候，戴夫感到父母的關係看上去是完全排除他人的，以至於他每次都要經由爭鬥來贏得他們的注意力。這種模式延續到了他的成人關係中，導致他在每段關係中都需要爭奪對方的注意力。

因為父親，尤其是在伊底帕斯階段，沒辦法向他伸出援手，這讓戴夫直到成年都一直感到自己永久地被排除在他人的關係之外。他被困在了競爭性的伊底帕斯糾纏之中，感到自己每次對誰產生欲望，就必須要從諸多對手中把她給「贏回來」——這種情況已經惡化到了把自己的孩子都視為死對頭的程度。幸運的是，一旦戴夫把這個早年問題意識化，他就不需要在自己今時今日的關係當中再潛意識地、痛苦地將其付諸行動了。

*

伊底帕斯階段男孩的父親必須要能「恨人」，尤其是能以一種節制的方式恨自己的兒子。有戀童癖的拉伊奧斯所代表的，是一種被惡毒的並且報復心強的父親延續下來的潛意識的、代代相傳的父子惡性競爭。慈愛的父親必須要理解自己對兒子的嫉妒心和競爭性，要能夠把自己的那些邪惡衝動轉化為設定限制的能力，並提醒自己：身為人父，當有所為而有所不為。通過設置限制，他就可以幫助兒子用一種健康的方式認同父親，發展其超我，提升他接納和耐受自身攻擊性、衝突以及矛盾情緒的能力。因此，足夠好的伊底帕斯階段父親建立的，是一個溫和的權威形象。這個形象反過來也會大大降低他變成拉伊奧斯的機率。

但是這並不容易。一個父親，總是要在與兒子之間競爭性太強和太弱之間取一條中道。伊底帕斯階段男孩尤其需要看到父親的力量，他需要體驗健康的男性攻擊性，從而確認自己的攻擊性是正常的。然而有些父親沒辦法控制自己競爭性的攻擊欲。派特·康羅伊（Pat Conroy）在他的小說《霹靂上校》（*The Great Santini*）裡，就刻畫了一個這樣的父親所造成的災難性後果：因為沒法控制自己「宰掉」兒子的欲望，小說中的父親最終親手毀掉了兒子的自尊心，以及他全部的自我價值感。[8]

為了讓兒子接納和汲取自己的男性力量，父親需要以一種可控、節制的方式來與兒子競爭，而且他需要放棄「駕馭兒子」的願望。但是，在競爭中一個父親是不是總要自己贏？或者他應該總是讓兒子贏？這個問題不會有一個一成不變的答案。一個父親需要做的，是觀察兒子對勝利和失敗做出的具體反應。父親的目的是挑戰兒子，推他一把，而不是壓制他。如果父親不帶著某種節制去挑戰兒子新生的力量感，那麼兒子長大以後在建立親密關係方面就會遇到困難，並會形成一種形態特殊的「父親饑渴」，雷蒙的案例就很好地說明了這個問題。

雷蒙三十五歲左右，他在一次對妻子家暴後開始尋求治療。他來的時候處於憂鬱狀態，滿心懊悔，害怕自己的行為會毀掉和「（他所知道的）世界上最好的女人」之間的婚姻。此外，間歇性的酗酒還威脅到了他的職業生涯，讓他擔心會像自己的父親那樣「把所有重要的東西都毀掉」。

在雷蒙六歲的時候，他的酒鬼父親拋棄了他和他的一對雙胞胎弟弟，把他們留給了「溺愛得過分」的母親。雖然他現在可以「和很多同事們一起出去消遣」，但雷蒙還是很難信賴其他男性，除非他們聯合的目的是「擊敗另一家機構」。

在和我的關係中，他那充滿魅力的人格面具幾乎沒有掩蓋他對我的強烈不信任。我感到他做為一個非裔美國人，跟我工作時很難感到安全，因為他會把這理解為一場競爭。然而當我可以公開談論我們之間的種族差異，還有他對我白人身分的焦慮感等主題以後，雷蒙發現我是願意向他學習的，而且我也是一個敢說真話的人。總之，經由創設一個可以讓他談論「敏感」話題的治療氛圍，比如他和我之間的文化差異，雷蒙終於可以把我當作一個父親的替代者，來幫他重啟自己受阻的心智發展。

現在我們在分析中可以開始探索雷蒙更深層的移情機制：實際上他是一個伊底帕斯競爭的「戰勝者」，這讓他沒有辦法建立健康的三角關係。這個深層機制可用他對自己母親的描述來概括：「她在某種程度上就是我的妻子，而我就是她生命中『那個特別的人』，幫她帶大一對雙胞胎的那個人。」

我們的分析進入第二年後，雷蒙跟我講了一個夢，他認為這個夢反映了自己渴望獲得一個成熟負責的父親，而且這個父親可以和媽媽在一起。這個三角關係中的父親，既可以與雷蒙，又可以與他的媽媽有情感上的連結，同時他還是一個值得雷蒙認同和學習的人。

在這個夢裡，雷蒙夢到自己還是個青少年，跟自己高中那受人尊敬的籃球教練在家門口的車道上玩籃球單挑。單挑進入白熱化以後，雷蒙給教練送上一肘，把他擊倒在地上。教練的鼻子流了血，他像一隻「受傷的熊」一樣倒在地上，而雷蒙本人則又驚又怕地杵在那裡。

他的媽媽一直關注著這一切，事發之後她逕直朝著教練跑過來並開始為他止血。在夢裡，她看著雷蒙，好像在說：「我愛你的老師，就像愛自己的老公一樣。即使你害怕他，我也會照顧好他。」

雷蒙醒來以後感到有些不安，但又莫名其妙地感到有些釋然。在我看來，他的釋然有力地證明了其內心是多麼渴望一個可以讓自己認同、讓自己可以不必過快長大的父親！用心理學的術語來表達就是：他在尋找一個強勢的「伊底帕斯階段父親」，一個可以和他的母親出雙入對，一個有能力承擔父親重擔的男人。這個男人可以讓一直在潛意識中深受「既做孩子又當爸爸」之苦的雷蒙感到釋然，儘管他曾是一個伊底帕斯階段的戰勝者，但這個戰勝者光環也讓他背上了過強的罪疚感。

在我們討論這個夢的過程中，雷蒙承認了他對我的依賴——他需要我，做為一個男人看到並接納他的各種個人體驗，且尊重他的脆弱性。他需要我做為一個「移情中的父親」（transference father），承受住他的不信任，理解他在我們關係中所懷揣的競爭心和攻擊欲。在我們的努力之下，他開始能更自由地表達對我的批評和負面情緒，當然我也鼓勵他這麼做。他逐漸意識到：表達這些情緒並不會擊垮我，亦不會損毀我們之間的關係。

這層理解讓他得以修通自己的信任問題，並且他也開始和其他男性建立起一些真正的友誼。最重要的是，他開始意識到：自己的兒子也需要他使用男性權威來助其發展，而不是讓自己從他們的生活中消失，把他們的發展教育問題完全交給妻子和學校。

雷蒙繼續尋求我的幫助，學習如何疏導自己的攻擊性，以及如何創造性地使用自己的權威。隨著時間的流逝，他變得更能用言語表達自己，尤其是在妻兒面前。同時，他能夠更加積極地參與育兒事務，這一點讓他深感驕傲。

＊

一個父親，的確不應讓自己在家庭中缺席，因為這會讓他的兒子攜帶著一種父親饑渴長大。這種父親饑渴，在這個孩子自己成為父親以後，反過來又會讓他難以面對自己的兒子，以此輪迴。我在本章已經指出：兒子需要自己的父親做為一個權威，來幫助他們完成「真實」世界中的社會化任務。和雷蒙一樣，我們做為父親，必須要學會如何以一種冷靜卻不輕易妥協的權威來教育和管束我們的兒子。如果父親可以做到這一點，那麼他的兒子在經歷過伊底帕斯這個發展階段後，將會把自己的父親視作一個仁慈、有同情心但同時又具備權威性的人。

換個角度看，一個父親，若是能在兒子的生活中持續地扮演一個文明而有權威性的角色，那麼他也將獲得一個得天獨厚的機會，來修通自己和權威之間的關係。這些長期存在的關係問題常常源自他們過去與自己父親之間的齟齬，後來又影響到了原生家庭之外的其他社會關係——比如在工作場合中和主管的互動。

按照心理學作家山姆．奧謝爾松（Sam Osherson）的説法，所有男孩都渴望得到一份來自父親的「男性力量」的庇護。[9]父親用這份力量告訴自己的兒子，怎樣成為一個堅強而不具破壞性的男人；反之，這樣的兒子又會促使他的父親（在這段和此後的生命年華中）盡力完善和發展自己，成為一個更完整的男人。

第5章

童年中期：鼓勵孩子擁有掌控力、勝任心以及驕傲感

第 5 章
童年中期：鼓勵孩子擁有掌控力、勝任心以及驕傲感

好好教育你的孩子……

授之以你的夢想。

——大衛・克羅斯比（David Crosby）、史蒂芬・史提爾斯（Stephen Stills）、葛拉漢・納許（Graham Nash）、尼爾・揚（Neil Young）[1]

從六歲到十二歲，成長迅速的孩子們在道德、身體、社交，特別是在認知發展等方面會發生許多變化。隨著其大腦結構的日趨成熟和複雜，他們在這個階段已經可以使用較高級的思維方式了：他們開始用一種更具因果色彩的，以現實為基礎的思維方式代替先前聯想式的魔幻思維（magical thought）。用精神分析的術語來說，成長中的男孩在這個階段會試圖「昇華」（sublimate）自己的各種本能衝動（在先前的發展階段，正是這些本能衝動引發了他們的夢境、他們天馬行空的想像，當然還有各種玩耍遊戲），而在當前這個階段，男孩則會用富有創造力的興趣愛好以及一些目的性活動，更為間接地來表達自己的衝動。

在這個階段，男孩們為了贏得父親的認同和讚賞，也會努力讓自己變得有毅力而且高效。要知道就在幾年前的伊底帕斯階段，他們還信誓旦旦地要超過父親。但現在男孩們會更聚焦於父親的成就，會識別出父親在家庭以外的、更寬廣的世界中的實力。這個階段的男孩會急切地想要模仿父親，他們甚至會比對著父親的樣子發展出自己特定的興趣和技能。

佛洛伊德把這個階段稱為「潛伏期」（latency period），他指的是先前在伊底帕斯階段強烈的性感受和攻擊性衝動，在這個階段會休眠，或者會潛伏。[2]就好像它們潛入地下，等著在「暴風驟雨」的青春期來臨後再次升起。換句話說，童年中期（middle childhood）代表著一種性欲的趨緩和潛伏。

但你要是認為這個階段的男孩情感不豐沛，那你就錯了。實際上，童年中期的男孩，其內心世界常常充斥著各式各樣情感的騷動。而且有時這些感受會一股腦地襲來，所以變得難以駕馭。最理想的情況是，男孩在與外部世界磨合的同時也能轉向自己的父親，向他學習如何有效地應對各種既矛盾又強烈的情緒。所以我們毫不意外地發現：男孩在小學階段如果和父親互動頻繁，那麼他就會更具同理心和高自尊，憂鬱的出現機率會較低，他們對性別角色和整個生命的態度，也會更加柔軟和靈活。[3]

父親繼續引領兒子進入「男人的世界」

父親把兒子帶入一個團體並指導其團體行為，這一過程在早先父子初為夥伴的那幾年就已經開始了。最初，父親把自己一天到晚圍著媽媽轉的學步期兒子給拉出來。在幾年之後的伊底帕斯階段，父子連結會強化加深，因為父親要向兒子展示怎麼調節自己對父母產生的強烈情緒。現在到了童年中期，父親則要同潛伏期的兒子一道加入由父親本人，或由其他充當父親替代者的教練所帶領的團體運動，從而讓兒子品嘗與他人共同玩耍以及獲得成就所帶來的樂趣。這些活動同樣也為男孩們的競爭心和攻擊欲，以及彼此間的友愛提供了一個出口。

潛伏期的男孩喜歡群聚在一起，試圖創造出一個沒有女孩的氛圍。如果在這個階段，你看到一個在前幾年還饒有興趣地和女孩們玩在一起的男孩，突然放棄了和女孩之間的友誼，這其實沒有什麼好驚訝的。在這個階段，即使只是承認自己跟女孩玩，都會威脅到一個男孩仍處在萌芽階段的男子氣概。

這種男孩的群聚現象會增強他們的男性身分認同感和掌控感，同時也使得他們和自己的母親，以及一切女性形象之間產生進一步的分化。透過「拒絕女性」這種儀式性的行為，男孩進入到一個由男性和男性之間的關係扭結而成的世界。在這個世界中，男孩和男孩之間的友誼無可置疑——他們在其中能體驗到強烈的歸屬感。

在心理學家威廉·波拉克（William Pollack）看來，在父親把兒子帶入團隊競技和集體活動中以後，男孩便有機會學著把自己的攻擊性轉化為健康的競爭欲，甚至是轉化為愛和親密。[4]集體活動中，男孩不但可以學著滿足自己的成就感、競爭心以及掌控欲，他們還將學會把自己的需要和集體的需要融在一起。儘管在一支由男孩組成的隊伍中，這幫小子們總是搞隊內競爭，比如總想搞清楚「誰是我們中間最好的打擊手」，但同時他們也將學會不帶深仇大恨、以玩笑的口吻捉弄彼此。他們終將領悟：原來競爭可以存在於合作的大背景之下。在父親的引領下，男孩會發現他們身上那股衝動，其實完全可以揮灑到與人合作的社會性行為中。

要引導這些男孩把自己的本能衝動轉化為社會性行為，此過程的確少不了父親的指導。只有經由認同父親，男孩才能為自己的本能衝動找到新出口。無論是參與合作性遊戲，還是更具有表現力，以及發展更為自發的男子氣概，統統少不了父親的參與。

受到父親指導的男孩，會建立一個內在的「剎車系統」以調控自己的性欲和攻擊欲。在這個系統的說明下，男孩將逐漸獲得掌控恐懼和痛苦的能力，也將獲得更多柔和的愉悅體驗——這些結合著本能欲望的能力和體驗，終將導致新的行為模式產生。這些新模式，常常表現為娛樂精神、同理心，還有親密的能力。

父親通常會「指導」兒子以男性獨有的方式來戰勝恐懼和疼痛。舉個例子，一個朋友的兒子在學校裡踢美式足球，在一場比賽中他被對手重重地摔倒在地。這位朋友告訴我：「他一時沒爬起來，我老婆嚇得要命，馬上嚷著要讓他退出比賽。」我的這位朋友則注意到教練跑到兒子身邊，而幾秒鐘以後，兒子坐了起來，神色有些恍惚但看上去顯然還好。兒子走到場邊，朋友和妻子趕忙走上前去詢問情況。媽媽問兒子想不想回家，而爸爸則說：「聽著，先在替補席上坐一會兒，待會兒如果教練覺得你可以了，就回去踢。你是可以的，我知道。」兒子朝著自己的爸媽笑了笑，幾分鐘之後，他又回到了場上。

在上面這個例子中，父親和母親的兩種典型反應可能都會對孩子有幫助，但也可能會出問題，尤其是在極端情況下。如果一位父親勸兒子完全不理會疼痛，那麼這就是一個極端的例子。在這種情況下，父親等於就是在教兒子漠視身體疼痛所具備的信號功能（signal function），這種漠視可能會讓兒子受到更嚴重的傷害。

夫妻雙方的反應相差如此之大其實也並不奇怪。雖然很早以前女孩就參與了競技體育，而且某些重要的社會習俗也因此發生改變，但是很多女性，尤其是我們上一代的女性，並沒有像男性一樣，被社會期待著以忍受疼痛和以「頑強不屈」為榮。這一點在電影《紅粉聯盟》（*A League of Their Own*）的著名一幕中得到了很好的展現：由湯姆·漢克斯（Tom Hanks）所飾演的球隊教練，在跟自己隊中一位因發揮不好而哭泣的女棒球隊員訓話時說了一句經典臺詞：「棒球不相信眼淚。」

這個階段男孩們也要學習處理一個兩難選擇：他們既要學習成為團體的一部分，同時也要開始學習應對團體中的同儕壓力（peer pressure）。這的確是一項艱難的任務，因為這個階段的男孩通常很難扛住來自同儕的壓力。有時他們即使發現某個集體行為是錯的，也依然會選擇從眾。所以做為一個父親，你需要看到孩子的歸屬需要，同時也要教他們在面對某些集體行為產生的壓力時，保有自己的底線。哈伯·李（Harper Lee）的經典小說《殺死一隻知更鳥》（*Kill a Mockingbird*）中的阿提克斯·芬奇，就是這種父親的一個絕佳典範。在美國南方的一個小鎮上，種族偏見和種族隔離的價值觀甚囂塵上，在這裡，只有芬奇堅守著自己心中的正義。他身處潛伏期的孩子們，在看清了是非曲直以後，同樣也和父親一道抵抗來自整個社區的種族主義壓力。

這個階段的男孩若想有健康的發展，一個指導性父親角色的存在至關重要。如若父親缺席，很多男孩就必須自己單獨應對潛伏期，這會導致他們將來與工作相關的自尊和自信明顯不足。這種自尊和自信的匱乏，轉過頭來又可能讓他們在接下來的童年期，甚至在整個一生中，都懷揣著某種一直想要獲得某位男性指導的「父親饑渴」。

要知道，無論一個男孩的具體興趣和才能是什麼，一個具備指導性的父親總能夠將它們識別出來，並且幫兒子發展出必要的技能來發揮這些興趣和才幹；與此同時，指導性的父親又可以給兒子提供足夠多的現實回饋，從而讓兒子敢於去實現自己的野心，敢於在公眾面前展示自己的才華。

卡洛斯是一個和我工作了幾年的十八歲年輕小夥子，他一直缺乏一個指導性的父親，尤其是在潛伏期階段。他的父親待人疏遠，喜愛批評，而且在卡洛斯七歲的時候離開了家庭，而那正是卡洛斯在才華、技能、野心等方面最需要指導的階段。由於缺少了父親的鼓勵，卡洛斯難以發展出堅毅的品質，好在他最終在音樂中找到了慰藉，而他也深具才華。奇怪的是，他雖熱愛編曲和演奏，但始終不願在人前展示。直到獲得一位學校音樂老師的鼓勵，他才在初中的才藝秀上登了一次台。儘管如此，他依舊十分害怕被評價，擔心自己的音樂會被別人說成是「沒什麼了不起的」。

儘管存在著這些恐懼，但當我第一次見到卡洛斯的時候，他已經寫了很多首搖滾歌曲，而且還受到社區大學粉絲們的熱烈追捧。在我們的一次談話中，他一邊不可思議地大笑，一邊興奮地告訴我：「我演出結束後，被要求返場再唱了三首，我的歌他們好像怎麼也聽不厭。」但是當我邀請他唱給我聽的時候，他卻拒絕了。他不想我聽他的歌，原因可能是他當時太過信任和依賴我，甚於世上任何其他人，所以他害怕我說他的歌太膚淺或者歌詞太矯情什麼的，他忖度著自己的父親——那個既對音樂不感興趣又善於打擊人的男人就會這麼說。他當時信誓旦旦地認為：一旦他把自己的音樂才華展現給我，我倆關係中某個寶貴的部分就會遭到永久性的破壞。

我們一直試圖理解他在這件事中的恐懼情緒。在很多次會談以後，我們終於明白他之所以拒絕讓我聽他的歌，是因為他先入為主地認為一旦這麼做，就會遭到我的打擊：我在聽了他的音樂以後，很可能會對他感到失望，而我的失望對深受「父親饑渴」折磨的卡洛斯而言，不啻一個毀滅性的打擊。

所以他把自我打擊投射到了我身上，認為我也會打擊他，而這種投射是為了讓自己不再遭受被重要之人打擊和背叛的痛苦。我們花了四個月時間，才讓卡洛斯安心地放了一張他新錄製的CD唱片給我聽，在這次分享之後，我們一起為他的創造力而歡呼，當然，也為他打破了自己的心理障礙而歡呼。

一個群體也需要積極的父性指導（paternal mentoring），這在威廉．高汀（William Golding）的《蒼蠅王》（*Lord of the Flies*）一書中被表現得淋漓盡致。《蒼蠅王》這個故事講的是，一群沒有人指導的潛伏期和青春期早期男孩因海難被困於荒島，最終因為絕對的自由，以及缺乏限制和律法而釀成人道災難的故事。在這個故事裡，男孩們對於父親形象的渴求被隱含在他們所創的豬頭崇拜儀式當中。在小說的結尾，直到象徵著缺席已久的父親——一個英國海軍軍官登島後，男孩們的謀殺行為才被制止，秩序才得以恢復，救贖才得以開展。

勤奮感的培養

六～十二歲的男孩會開始看重自己究竟有多少創造能力，為了創造並獲取成就，他們會聚焦於自己的勤奮感和勝任感。他們喜歡覺得自己有用，喜歡忙碌，喜歡做事情，並且樂於把自己的規劃和行動與人分享。通過完成一些有目標導向的活動，他們會感到自己獲得了邁入令人嚮往的成年男性世界的門票。也就是說在這個階段，他們會經由做事情來挖掘樂趣。

潛伏期的男孩會對掌握事物的操作原理極感興趣。他們會一心想著怎麼讓自己變得有用。在這個階段，父親若要關心兒子，就可以跟他們合作做一些有創造性的事情。根據兒童及青少年精神醫學專家詹姆斯．赫佐克（James Herzog）醫師的說法，父親要和兒子一起開啟「幹活」模式。[5]理想情況下，能把兒子想幹的活兒幹好的父親，會被兒子知覺為一個有技巧有能力的男人。長此以往，兒子會把男子氣概和行動能力緊密地聯繫在一起：男人不只想事情，他還能把想的事情給辦了！我相信耐吉的口號「做就對了！」（Just Do It!），展現出的就是童年中期的這種實幹精神。

這個年齡階段的男孩需要體驗到一種勝任感和驕傲感，所以父親的關注和欣賞在此階段顯得尤其有分量。潛伏期男孩會十分在意父親對自己創造性活動的反應。當然，雖說父親是最重要的指導者，但男孩們在這個階段也會尋求老師、其他孩子的父親，以及消防員、警察、建築工人等典型男性職業從業者的指導。

教孩子熟練地掌握某個技巧，其實並不容易。也有很多男孩在父親試圖指導他們的時候會耍脾氣。在這種情況下，父親自然會想退卻，他心裡可能會想：好好好，你翅膀硬了，也不用我教了，那我也懶得在你這裡自討沒趣。然而，只要這個父親不放棄，始終溫柔而堅定地守在兒子身旁，鼓勵他去學習新事物，那麼這個男孩遲早會發現：原來我在老爸的陪伴下可以完成這麼多以前想都不敢想的事情，我要是只想卻不做，又或者只是靠我自己，那麼這些事情肯定是完成不了的。

一個孩子靠著自己的現實感和邏輯性完成任務，而在完成了以後，他們會獲得一種「我勝任」的體驗，以及一種被著名精神分析學家艾瑞克．艾瑞克森（Erik Erikson）稱為「勤奮感」（sense of industry）的心理感受。[6] 還有一個非常重要的點——父親要允許兒子在難度高的任務中掙扎，在某些情況下，更要把他們的失敗視為成功。我們發現：這種雖敗猶榮的體驗，是一個男孩從觀察他父親應對自身弱點、失敗以及侷限性的過程中學習到的。能體認到父親的不完美，比把他視為一個全能英雄要重要得多。實際上，男孩以後若想獲得某種克服困難、弱點以及自己侷限性的心性，他就必須學習並內化自己老爸對錯誤和挫折所持的態度，並將其做為自己將來應對困難的情緒榜樣。

我自己的例子很能說明這個論點。我有一次充當女兒瑪雅的籃球隊教練，而我的兒子艾利克斯當時才八歲，他在場邊觀戰。比賽打到最後一刻，裁判做出了一個極為明顯的誤判，結果我當時就爆了，裁判看我反應過度，當場就給了我個技術犯規。托這個技術犯規罰球的「福」，我們最終輸掉了比賽。在開車回家的路上，我們一路上都在惋惜這場球最後因為裁判的不公而輸掉。大傢伙也笑我當時反應太大，結果把局面搞得不可收拾。而我也承認了自己的錯誤行為——我相信這一路上的聊天把我和孩子們之間的關係拉得更近了，因為我坦承了自己的侷限，而之前我在籃球方面表現得像個頂尖專家。在以後的好幾年裡，兒子都喜歡拿這個事來揶揄我，他總是讓我重述當時對裁判大吼大叫的一幕。以至於今時今日，每當我情緒發作的時候，這小子都會帶著小揶揄小興奮，開玩笑地問我：「老爸，你還當自己是個心理學家嗎？」

一個父親，一方面要敢於承認自己的侷限，自己也會犯錯；另一方面他也要在兒子失敗的時候，繼續支持兒子，而非在他失敗時奚落他，落井下石。只要這兩點能夠做到，他的兒子就能在困難和挫敗面前保持一股信心，甚至是一股驕傲。以這種方式教兒子的父親，就是在允許兒子做一個可以犯錯的正常人，這種正常人敢於表達自己情感的脆弱性，而且因為沒有「完美」的偶像包袱，他敢於去面對身體和智力上的各種挑戰。

一個兒子，在仰望自己不完美的父親的同時，他也內化了父親對待自身侷限性的態度，長此以往，在他的心裡會逐漸形成一個更加現實的、沒有那麼高不可及的理想化自我。這種類型的男孩不會那麼執著於以原始自戀為基礎的「完美」。因為不執著於此，所以會更加接納自己。

要知道，如果你是一個紙糊的超人，那麼紙上的任何一個小洞，都可以把你毀掉。[7] 我這裡有一首小詩，是一個七歲男孩所作的，這首詩的題目是「送給我爸爸的一首小詩」（A tiny poem to my Dad）。在這首詩中，一個男孩對自己爸爸脆弱性和力量感的完整體驗被表達得淋漓盡致：

你是一個堅強的風箏
等待著風的來臨
你是甜甜的白雪
深愛著我
你也是一隻受傷的老虎

需要我的幫助[8]

父親不願承認自己有缺點，等於就是在告訴兒子：男人不能有弱點和侷限，更不要示弱！這種父親帶出來的男孩，會潛意識地維持一種全能錯覺（illusionary sense of omnipotence）——這是大男人主義的心理基礎。當你發現自家的男孩，對自己不怎麼擅長的活動不再感興趣，也不願再去嘗試的時候，他就已經開始在表現這種大男人主義了。這種心態會嚴重地限制他們，也是出了名的扼殺創造力。可悲的是，很多男孩，在他們的童年甚至成年以後，都會莫名其妙體驗到一種限制感，這種限制感只允許他們去做那些業已擅長的事情，而其他，最好不問。

父親怎麼教兒子，和教什麼一樣重要。一個父親越能同理兒子的需要，他就越能做到因材施教。他會逐漸明瞭兒子一次可以吸收多少東西，他會明白要透過哪個管道來教：智力的、視覺的還是肢體的，以及什麼時候兒子會停止學習。有了這些瞭解後，他就能更好地讓兒子勞逸結合，他會明白怎麼去鼓勵兒子獨一無二的才能，怎麼去識別兒子已經做出的努力。一個瞭解兒子學習習慣的父親，也可以把自己的理解與兒子的其他指導者（孩子的媽媽、他學校裡的老師、他的足球教練或者音樂老師）分享，從而幫助他們以最有效的方法指導和教育自己的孩子。

父性指導，做起來比說起來難。我有一個名叫弗雷德的病人，他最近跟我描述的一段他和兒子的互動，就很能說明這種困難。弗雷德是一個電器行的經理，他的兒子吉米今年十歲。弗雷德告訴我，每次吉米想看DVD的時候，都會把老爸叫到娛樂室幫他開機。終於有一次，弗雷德對吉米說：「嘿，吉米，我有個好主意。咱們一起把開機過程走一遍，這樣下次你自己就知道怎麼開光碟機了。」吉米拒絕了，他堅持讓老爸幫忙開機。這一次，弗雷德不為所動，他告訴吉米，他希望吉米自己能學會開機。

結果吉米跟弗雷德槓上了，他再次拒絕。在這個點上，弗雷德還真想幫兒子開機算了，起碼比現在這樣耗著省事省時間。但是，這次他沒有放棄自己的立場，他告訴吉米：「如果你今天學會了開光碟機，那麼以後你什麼時候想看，什麼時候就可以自己開。」

「爸爸，你就開一下嘛。」吉米發牢騷了。此時此刻的弗雷德真的對兒子感到不耐煩，他工作了一整天，當下心裡想的就是趕快把機開了，然後倒在沙發上好好看報了事。但是在會談中，弗雷德驕傲地告訴我他這次維護了自己的權威，即使吉米一直抗議，他也始終未妥協，而他的堅持最終獲得了回報。吉米心不甘情不願地同意學習，而後來跟老爸學習開機的過程也談不上多開心。但是幾週以後，吉米可以嫻熟使用光碟機還有整個家庭娛樂系統了。弗雷德告訴我，他看到吉米每次自己動手使用娛樂設備的時候，這小子臉上都會浮現出驕傲的神色。

＊

以父為師，以兒為徒的意向，存於世上最古老的神話之中。十三世紀蘇菲派神祕主義詩人魯米（Rumi）的詩歌，就反映出了男孩身上這種熱切的渴望：他們需要從父親那裡獲得某種必要的指導，從而用以掌控自己的生活：

你是從懸崖峭壁上滑翔而出的蒼鷹，
你是在森林中兀自獨行的猛虎，
你捕食的英姿最為俊朗。
切莫迷戀夜鶯，亦莫沉迷孔雀，
它們一為聲，一為色，如是而已。[9]

幫助兒子調節學習過程中的情緒

男孩若要精通一些特定的技能，就需要學習調控自己的情緒，特別是當這些情緒過於強烈的時候。如果情緒失控成為常態，尋獲勝任感就成了癡人說夢。但父親並不是要讓兒子忽略或者壓制自己的情緒，而是要提醒兒子對它們加以關注。如此一來，男孩就會為了達成特定的目標而開始學習如何昇華自己的情緒。

在這個階段，父親要幫助兒子轉換情緒強度來達成昇華情緒的目的。潛伏期的男孩和爸爸打鬧，可不只是像以前那樣釋放雄性激素。現在父子之間的打鬧的意義要複雜很多，在打鬧過程中父子雙方會下意識地搜尋對方發出的身體信號。一個對兒子敏感的父親，會發現這個階段的兒子實際上在密切觀察老爸的行為，從而用來指導自己的行為，所以一個父親在和潛伏期的兒子打鬧的時候，要調控自己的反應——既要能放得開，也要能收得住。

因為父親的調控，潛伏期的父子打鬧會變成一個現實生活的試驗場，男孩可以借著跟老爸打鬧去體驗用多大的力氣算是太過，去判斷對方到底是在鬧著玩還是真的來情緒了，去試驗怎樣打起精神和強大的對手對抗。假以時日，男孩會把和老爸打鬧過程中理解到的身體信號，用到和其他人的互動中去。所以父親教兒子，不僅是言傳，還有身教。在經典的父子共同活動和遊戲之中，兒子會把父親做為一個榜樣，來學習他對強烈情緒和困難情境的應對態度和行動方式。

父親幫兒子學習駕馭情緒的另一種形式，就是向兒子展現心理學家卡羅．吉利根（Carol Gilligan）所說的「男性道德模式」（male mode of morality）——相比於女性的道德注重關係和連結，男性的道德更注重規則、公平、正義等抽象原則。[10]

舉個例子，有個叫查德的七歲小男孩在學校裡犯了個失誤：他本應該要帶一張有父母簽字的字條到學校，來邀請一個好朋友到家裡玩，沒有這個字條好朋友就來不了——結果他偏偏忘帶了。回到家之後，小查德滿心不安，他對朋友不能來感到很喪氣，也擔心好朋友生自己氣，因為自己把原本計畫一起玩的整個下午給毀了。

媽媽在跟他談話的時候，希望他想一想自己這樣做會讓朋友失望，甚至會傷害他的感情。她在這麼說的時候，實際上就是在向小查德強調情感和關係，根據吉利根的觀點，這兩者構成了女性道德感的基礎。而小查德的父親則強調男孩一諾千金的重要性——你已經答應了人家帶我們的字條去學校，這樣你的朋友就能過來，現在你沒做到，這就是食言，不守承諾。他在教育兒子的時候，更強調讓兒子「按規則做事」，要遵守公平處事和公正原則，要學習在某些框架內行事，等等。

但是話說回來，過來人都知道：一個父親，根本無法完全控制此階段兒子正在萌發的好奇心和行為上的衝動，希臘神話中戴達羅斯（Daedalus）和伊卡洛斯（Icarus）這對父子的故事，就是在提醒我們這一點。戴達羅斯是一位發明家和技藝精湛的工匠，正是他設計了複雜的克里特島迷宮（Labyrinth）。但是事成之後，他和自己的兒子伊卡洛斯卻被困在了克里特島。為了逃離克里特，戴達羅斯用羽毛和蠟做了兩對翅膀，並且在啟程之前煞費苦心地教兒子如何使用：「你飛得太高，離太陽太近，蠟就會融化，那樣你就會掉到海裡去，而如若你飛得太低，離海太近，羽毛就會被水打濕變得太重，結果你同樣也會落水。」一開始，伊卡洛斯還是謹遵爸爸的教誨，但是後來他沉醉於飛翔帶來的興奮感之中，開始操縱翅膀向高空急升，結果正如父親所告誡的那般——蠟被融化，而伊卡洛斯也墜海身亡。

我相信戴達羅斯不是第一個，也絕非最後一個傾盡了全力指導兒子，最終發現自己滿腹經驗卻只遭來兒子拒絕的父親。我認為，做一個父親，盡力教導就好，至於教得好還是教不好，則不完全在我們的掌控之內。承認自己指導能力有限，也實在是身為人父，最難咽下的苦水之一。

鼓勵兒子的抽象思維

父親對兒子的認知發展有重大影響。要想理解這層道理，我們得從「原型角度」（archetypically）來審視一下「父親」這個詞，指稱的究竟是怎樣一種男性。根據卡爾．榮格（Carl Jung）和賈克．拉岡（Jacques Lacan）等精神分析學家們的看法，所謂「父親的原則」，指的就是秩序。[11]

父親代表秩序，這是西方文明的一個古老主題。試想古希臘神話中的宙斯，北歐神話中的索爾（Thor），哪個不是被尊奉為「天父」，端坐於萬神殿統治著諸神和凡夫？再讓我們來看看《新約聖經．約翰福音》的開篇詞：「太初有道，道與神同在，道就是神」，在這裡，代表著秩序和語言智慧的「道」（Word），就是上帝或者天父在創世之初，所造之第一物。

為什麼西方文明如此看重語言？究其本質是因為：律法只有通過語言才能被制定出來。沒有律法就沒有秩序。沒有秩序，人一輩子就只能在原始的、未分化的潛意識欲望、感受和念頭中打轉。所以在傳統意義上，父親不只擁有語言能力——他的權威本身就是被語言所賦予的。拉岡的術語「父親的法律」（Law of the Father），指的就是父親透過打破孩子和母親之間的共生連結，把孩子引入象徵性思維世界中的過程。我們常說，母親把兒子帶到情感的世界之中，所以母親總和情感聯繫在一起；父親的角色，則是教兒子用語言來理解和表達情感，從而使他具備更高級的心理功能。簡而言之，語言可以說明小男孩發展出一種延遲滿足自己需要的能力，從而幫他從需要即時滿足的母性世界中分化出來。

沿著這個思路我們會問，一個兒子想從父母那裡分別習得什麼？他和父母親的關係形態具體有何不同？這兩者最重要的決定性因素，並不是一個家庭中父母親雙方具體的性格和氣質。即使在一個家庭中，母親是更加理性和高智商的那一方，而父親則是更加衝動和更敏感的那一方（因為父親和母親在文化中所代表的職能不同），一個兒子仍然會期待父親給自己的世界帶來秩序，尤其是潛伏期的男孩更會如此期待。之所以會這樣，是因為無論母親多麼聰明，多麼有能力，她和兒子之間的關係仍舊是以最初的生理聯結為基礎的。我們要知道，一個兒子想要和母親分化，他必定會經歷衝突；他一旦經歷衝突，必會找父親幫忙。所以男孩要想長大，變得與母親有所不同，那麼他必定得找父親——這個本就和母親不同的男人，這個可以提供全然不同的視角看世界的男人。

然而，如果父親無法運用自己的父性權威，無法教兒透過使用語言來調節自己的情緒和衝動，那麼這個男孩想要耐受強烈的情感衝突，並最終脫離母親的情感世界就會變得難上加難。更有甚者，如若這個父親經由訴諸暴力和軀體虐待，而非透過言語表達的方式來處理自己的情緒，那麼終其一生，兒子都會受此殘害。因為一般情況下，兒子很難不在心中內化一個「施虐的」父親——一旦內化了這種父親，那麼兒子終其一生都不得不潛意識地組織起自己的防禦，來和這個內化的父親來回往復地拉鋸。

誠然，很多遭受過身體和情緒虐待的男性都會潛意識地認同施虐的父親。他們在與自己的伴侶及孩子相處的過程中先會施虐，之後又會對此感到強烈的內疚和痛苦，以至於長時間地在「施虐－內疚－再施虐－更內疚」的「虐待迴圈」（cycle of abusive）中循環往復難以自拔。

但是，另一些男性會盡己所能**不讓**自己變為自己的父親——他們會否認自己與父親有任何相似性，好讓自己走上一條截然相反的路。但是這也非常困難。內化的施虐型父親形象通常會被儲存在潛意識中，並仍然保持活躍，因此這些男性必須時常對抗之、防禦之——這會使他們的自我批判變得過於強烈，進而導致抑鬱。所以，我們才說施虐的惡性循環難以打破。如果真要破除，那麼，一個男人通常需要在專業人士的說明下，真正深入地探查自己，並最終能在意識層面上直面父親的施虐行為給自己所造成的身心傷害。

一個男孩，如果他的父親無法使用語言建設性地處理自己的強烈情緒，而總是訴諸暴力，那麼這個男孩在長大過程中不但會害怕自己的父親，而且還會害怕自己身上存在的哪怕一丁點的攻擊性。這些恐懼會讓他變得過度依賴自己的母親——因為只有媽媽，或者說只有女性看上去才是安全的，而男性則意味著不可控的危險。

我有一個名叫彼得的個案，是個年過四十的離婚男子，也是一個九歲男孩的父親。雖已過不惑之年，但依然擁有男孩般俊朗的容顏。即使身為一位成功的藝術家，他也總還是感到孤獨甚至憂鬱。彼得會把自己形容為一個「迷了路的小男孩」——害怕衝突，不敢表達自己。他很討女人喜歡，她們會被他的溫柔所吸引，但是交往一段時間後就會厭倦他的被動，覺得他沒擔當。他渴望擁有男性朋友，也苦於自己雖做為一個父親卻無法對自己九歲的兒子產生積極影響。

在我們工作的早期，彼得告訴我他小時候被父親的暴力給嚇壞了。父母在他八歲的時候離婚，他的母親雖然弱勢，但在日常生活中卻很有侵入性，這導致彼得沒法和她樹立任何界限。有一天，彼得含著淚回憶起了一個創傷性事件：就在爸媽離婚以前，爸爸和舅舅惡吵了一架。雖然沒人受傷，但是爸爸在氣急敗壞的時候掏出槍朝著天花板開了幾槍！回憶起這段的時候，彼得全身顫抖，就好像那幾聲槍響，那幾個天花板上的彈孔依然歷歷在目一樣。彼得告訴我，他後來一直沒有走出這個恐怖事件的陰影，他一輩子「都被那幾聲槍響和爸爸的暴怒糾纏住」。更有幾次，父親在喝醉酒以後直接打了彼得，尤其是在他壯著膽子表達不同意見的時候。說完這些以後，彼得看著我，他悲傷地說道：「我需要表達憤怒，我需要對你憤怒，我對生活中的很多人都有憤怒，但我表達不出來，我做不到，我怕是永遠都做不到了。」

內心深處，彼得渴望獲得一個強勢但懂得節制的父親，這個父親可以用語言來表達強烈的情緒、衝突，還有愛恨，而不是訴諸暴力。他的父親沒法提供這些父性功能，所以在彼得的成長過程中，他既耐受不了負面情緒，也沒辦法用語言來表達它們。他尤其害怕自己的攻擊性，因為在他的記憶中，男性的攻擊性根本不可控，只會帶來破壞和拋棄。

隨著分析的繼續推進，彼得開始在和我的關係中重新體驗到他對父親的感受——他苦於對我有憤怒。當我邀請他探索這些情緒時，他告訴我：「我不敢對你有不滿，因為一旦有不滿，我就會變得憤怒，一旦我變得憤怒那就會摧毀一切。我會變成一個充滿著暴怒而其他什麼也不剩的空殼，就是這樣。」

我意識到他之所以害怕對我表達憤怒，也是因為擔心我會失控並且報復，而我最有力的報復就是拋棄他，正如他父親曾經做的那樣。彼得的成長，所需要的是一個既可以用語言來調控自己情緒，又可用它來調控兒子情緒的父親。換句話説，他現在需要一個可以直面其攻擊性和憤怒表達的分析師，一個不會因其憤怒的言辭而離棄他的人。在這種安全的關係中，彼得將學會耐受自己的強烈情緒，並最終打開那條用語言表達情緒的發展通路。如此一來，憤怒就不是只會導向暴力這一條道路了。

幸運的是，雖然我們的分析比較漫長，但它終歸是成功的。在分析中，彼得（和我）得以耐受他身上「更陰暗」、更消極、更有攻擊性的一面——他獲得了用語言直接把這些部分表達出來的能力，並最終把這些部分整合到了自己的人格中去。其結果就是，在和自己青春期兒子的互動過程中，他敢於使用自己的父性權威來為兒子設定合適的界限了。他今天能夠冷靜卻堅定地這麼做，真是殊為不易。彼得的父親從沒有示範過如何調控自己的情緒，而彼得卻做到了，如此打破了虐待的惡性循環。

彼得的故事告訴我們：父親指導兒子調節情緒最重要的方法，就是教他透過語言來表達情緒，這也為後來兒子的抽象思維發展奠定了基礎。瑞士發展心理學家皮亞傑把兒童的這個階段稱為「具體運思期」（stage of concrete operation），他指的是兒童在此階段會從想像和幻想世界，邁入到邏輯和現實的世界中。[12]在更早期，兒童有了需要就要立即見諸行動；現在，他們開始用語言和概念來調控這些需要。這可以幫助他們獲得更多心靈的平靜。

我曾經目睹過這樣一件事：羅尼是一個十歲的小男孩，在自己的少年棒球聯盟隊伍裡做捕手。有一次，在一場異常激烈的比賽結束後，羅尼拒絕退場。他一直在強調最後一球對手出界了，不是好球，因此自己的球隊本來還有一次扳回比賽的機會……到了最後，所有人都離場了，只有羅尼一個人在休息區生悶氣，拒絕離開。

接下來，羅尼父親的行為和言語，著實讓我吃了一驚。只見羅尼爸爸等了羅尼一段時間，然後他走向自己的兒子，對他說：「兒子，輸了一場比分咬得這麼緊的比賽真的不好受，你可以生氣，我理解你很生氣。但是我想說的是，在贏你的人面前發飆，真的不好看。他們贏了就是贏了，贏家需要得到尊重。孩子，這就是我們所說的體育精神。好了，我們現在回家，你回家生氣沒問題，但現在我需要你冷靜下來。」

最初羅尼並沒反應，但是幾分鐘之後，「體育精神」這個詞似乎對他產生了作用。做為一個男孩，在和父親有些許交流之後，他明白了有一個詞被叫作「體育精神」，而這種精神是他應該去追求的。這個詞和這種精神，實際上是教他在何時何地表達強烈情緒才會恰當，才會不失尊嚴。

這標誌著男孩開始學習透過理解語言的力量，來調節自己的情緒。在本書第三章中，我們談到了父親克勞德透過語言讓他的兒子羅傑明白：媽媽只是生他倒牛奶這個行為的氣，但並不是恨他。而在這裡，羅尼的爸爸實際上也是在教兒子：當你面對失望和失落等情緒的時候，其實有多種應對方式，本能的情緒反應只是其中一種，它並非全部。

一個父親對兒子認知發展的影響可以持續其一生。賈爾是我的病人，最近他在分析中常提及自己的父親。他的父親在賈爾十五歲時去世，而且父親在他九歲的時候就拋妻棄子離開了他們，這讓賈爾到現在都不能釋懷。但是在談及自己父親的時候，賈爾還是承認父親在生前，留下了一個非常重要的「禮物」給他，那就是思考的能力。

「在他們離婚後，我就很少見到我爸，」賈爾回憶道，「但每次我們見面，我們都會討論怎麼做事情。他會告訴我不能只看表象，分析事情要有深度，質疑權威很重要……總之他教會了我怎麼使用批判性思維，而我現在每天都在用這種方式思考。你知道，就這一點來說，我心裡還是感激他的。」

父親可以從兒子那裡學到什麼

學習從來都不是單向的。我們經常看到：父親從他們潛伏期的兒子那裡可以學到對事物的掌控力，學習情緒調控，甚至重獲失落已久的娛樂精神。更重要的是，老爸在幫兒子完成童年中期的身體、認知、情緒發展任務的同時，也可間接滿足自己的繼續成長需要，並讓自己更具有對生活的掌控感。再一次強調：父親積極參與養育，不但兒子受益，父親自己也將獲得大大的成長。因為在這條彼此扶持的路上，兒子總能「教會」父親一些重要的人生課程。

比如我的個案喬治，他幾乎每週都會去兒子伊凡的學校，到露天球場看兒子踢足球。伊凡十一歲，單簧管吹得特別棒，而且學習也很好，但是運動能力相比之下就很一般了。所以伊凡通常在場上只踢那麼幾分鐘。但是這孩子不上場則已，一上場就拚命。這種拚命的態度，再加上他身上的那種幽默感，終於還是讓伊凡贏得了隊友們的尊敬。

有一次比賽踢得特別激烈，而就在兩隊相持不下的時候，伊凡有兩次嚴重犯規。這些犯規讓喬治坐不住了，尤其是看到另一隊的父親幾乎在給兒子慶祝勝利的時候，他當時真希望一走了之。但轉念一想，伊凡現在肯定很想他能留下。

他留下了。伊凡最後的那個失誤果然還是讓他們輸掉了這場比賽。賽後，喬治走向自己的兒子，他告訴他：「兒子，我依然為你感到驕傲，雖然輸了，但我看得出你有多努力，你一直沒有放棄。我覺得即使一個男人有錯誤和侷限，也不會因此放棄自己的目標，這是需要勇氣的，這是很重要的，兒子。」

幾天之後，喬治在自己任職的建築事務所有一個專案已經過期，雖然一直在趕工，但專案終究沒完成。他感覺糟透了。在一個因失眠而輾轉反側的晚上，喬治想起了伊凡幾天前的足球賽——他想起當時，即使連做為父親的自己都感到非常沒面子，兒子還是在場上堅持。他突然對兒子充滿了尊敬，他同時也想起自己當時對伊凡所說的話：「我覺得即使一個男人有錯誤和侷限，也不會因此放棄自己的目標。」喬治頓時明白了自己從十一歲的兒子那裡學到了什麼。他告訴自己：「是的，我也有自己的侷限，這件事真的被我搞砸了。但是不用在意，我知道自己要什麼，明天我就要重回正軌。」想著想著，喬治便安穩地睡著了。

*

我們發現：那些在團體活動和體育運動中給兒子以指導的父親，常常也會喚醒自己身上好玩的、富有娛樂精神的那一面。可能每個男人都有過那一面，但後來，我們需要競爭升學，需要努力找工作，讓自己趕快成熟從而好成家立業。在這些過程中，我們逐漸將自己身上的那個小男孩置於一旁，不再理會。

但是，和兒子在一起的父親，尤其是那些平時不太與人交往，或因工作而忙得灰頭土臉的父親，常常可以找回自己身上曾經擁有過的那個男孩。那個男孩也曾貪玩、執拗、喜歡競爭。他小時候也曾玩到天黑才回家；長大一點後他也曾和朋友們打棒球到深夜；又長大一點後，他曾和自己的哥們兒通宵達旦地聊女孩，聊車子和球賽；再長大一點後，他和兄弟們一邊喝著小酒，一邊爭論著將來，你我要過怎樣的人生。就是這個小男孩，會在你和兒子的互動中，重新被喚醒，再次鮮活。

如果父親能夠做為一個指導者高度參與到兒子的成長，那麼潛伏期無論是對兒子，還是對父親來說都會如田園牧歌一般美妙。父子兩人可以分享彼此間的友誼，乃至男性之間有如兄弟般的彼此欣賞。是的，潛伏期的父子可以在地下室一起做木工，可以在後院你來我往地打球，好一幅田園牧歌景象。然而令人有些感傷的是，這些歡愉終將逝去。隨著日子一天天過去，孩子一天天長大，潛伏期的男孩，終將成長為一個青春期的翩翩少年。

在接下來的青春期，父子關係將會迎來前所未有的挑戰。

第 6 章

青春期：從英雄到狗熊

你千萬別跟任何人談任何事情。你只要一談起，就會想念起每一個人來。

——沙林傑（J. D. Salinger），《麥田捕手》[1]

不可理喻、動盪不安、狂喜入迷、循規蹈矩、絕望不堪、罔顧一切、瘋狂——所有這些詞，都還不足以形容情緒激烈，激素分泌過多，時而心潮澎湃，時而憂鬱難當，情緒猶如坐雲霄飛車般驟升驟降的青春期。

青春期孩子的心境難以捉摸，更不要說去耐受了。他們時而自我崇拜得有些誇張，時而又戲劇性地自我厭棄乃至絕望；他們可以對同一個事物，同時灌注熾熱的愛和強烈的恨；他們時而癡情狂熱，時而冷若冰霜；他們時而捲入太深難以自拔，時而拂袖而去遁入遐想。

青春期的孩子既要面對自己身體的變化，又要駕馭洶湧的欲望，而且他們的心智也在轉變之中。而男孩在此階段，更是有三重任務要去完成：

1. 整合青春期的所有變化，從而開始構建屬於自己的身分認同（identity），回答「我是誰」這個問題；
2. 進一步與家庭進行分離—個體化，這一次，尤其是與父親進行分離—個體化；
3. 開始學習處理人生的失落。

第6章
青春期：從英雄到狗熊

所以父子關係在青春期將無可避免地產生重大變化。父子攜手走到青春期，如果這個父親參與度夠高，是一個夠好的父親，那麼他和兒子的關係到現在為止，在很大程度上會是意氣相投、惺惺相惜的。孩子剛進入青春期的時候，這層連結也會延續之前童年階段的熱度，不會出太大的差錯。但是隨著青春期的充分展開，兒子對父親的情感體驗將會變得更加捉摸不定，難以預測。

但我剛才也說了，青春期早期的男孩，還是會仰視自己的父親，也常常把父親理想化，因為他們這時還是初次面對身分認同問題，依然滿是困惑，極需父親的指導。他們承認也好否認也罷，在他們心裡，這個時候就是相信老爸最強、最棒、最巧、最搞笑、最機智、開車一級棒等等。

父親在兒子青春期早期需要做的，就是接受兒子的理想化，但不要太放在心上。因為很快，理想化就會轉為矮化。從青春期中期開始，男孩將會更多地表現出對父親的挑剔。當然這還只是剛剛為後面打個基礎，到了青春期後期，男孩不但會疏遠父親，還會貶低他的權威。

兒子的青春期也是父親的困難期，因為父親此時一般也會步入中年。人到中年通常會生出不少苦悶和焦慮，很多意料之外的事也可能在此階段發生。當他們發現自己的兒子不再是以前那個「小男孩」的時候，他們也會發現：自己亦不再是曾經那個年富力強的自己了。他們現在要和青春年華的逝去、性功能的失去、退休，甚至逐漸映入眼簾的死亡可能性進行抗爭。與此同時，當面對青春期兒子紛繁複雜的情緒洪流時，他們和自己父親之間的那些悲歡離合的記憶又會被栩栩如生地啟動。

所以在這個階段，雖然父子兩人經常不認可對方，爭鬥也是常事，但其實兩個人都是在各自處理相同的人生議題：身分認同、分化和分離、失落。青春期男孩的身分認同問題「我是誰？」對青春期男孩而言，是一個相當困擾但又關鍵的問題。青春期的到來，意味著男孩需要開始形塑自己的身分。這個身分要相對穩定，要安全，同時也要具備一定靈活性。這並不是說男孩的自我（self）誕生於青春期（實際上它誕生於嬰兒期），而是到了青春期，男孩會把「我」（me）和「非我」（not-me）之間的邊界樹立得更為清晰。

男孩在青春期有找尋自我身分認同的訴求，這一訴求需要得到某種程度的滿足，這是因為男孩接下來的發展方向將會基於這種訴求。所以身為父親的你，在此階段的關鍵職能是：同理、接納、支持兒子找尋他在這世界上的身分，同時也要為他的找尋過程設定恰如其分的界限。

但是男孩要在青春期找到一個可靠的自我身分認同，有時真是比登天還難。要知道很多男孩一覺睡下去，第二天醒來就發現自己和昨天不一樣了：體毛變多了，生殖器變大了，剛一開口說話就發現聲音變得低沉多了。同時，因為激素的爆發性分泌，那種熟悉但又讓人不安的性衝動也急於得到釋放。

面對身體的諸多變化，男孩會尤其需要一個理解這些變化的父親來引導自己。女孩來月經是一件更明顯的生理事件，所以她們當中不少人可以得到媽媽的指導，並在月經初潮之前就做好準備。遺憾的是，父子之間類似的指導和說明就會少很多。因為沒有從父母那裡得到過預警，所以男孩在面對初次遺精等生理事件時，會感到驚訝、困惑甚至羞恥。

青春期男孩的手淫衝動也會加強——面對自己日漸成熟的身體，手淫成為他們嘗試性的一種方式。但這也會使他們懷有興奮、困惑，以及對於自身邊界和隱私可能被打破和暴露的羞愧。我們發現，在很多家庭裡，青春期男孩和母親吵得很厲害，比和父親吵架都厲害。這是因為隨著性的覺醒，男孩會對母親重新產生亂倫念頭，但這些念頭會讓他感到極度不安，以至於他不僅要逆反媽媽，還想切斷和媽媽之間的所有親密體驗。所以他們在表面上會極其粗魯地表達對媽媽身體的反感和厭惡，這其實是為了掩飾潛意識中對媽媽的性欲念。這些不被接受的性感受被牢牢地壓抑在潛意識之中，而在現實中，他們也會對表面看上去和媽媽完全不同的女孩表達好感。

這些急速發生的身體改變會挑戰男孩們對男子氣概的理解，會撼動他們的性別角色同一性，甚至會動搖他們先前建立的性取向：我到底是喜歡男生，還是女生？要知道在這個階段，他們先前已經被壓抑下去的，針對母親的伊底帕斯亂倫欲望又會以幻想的形式浮出水面，而他們先前受到禁止的針對姊姊妹妹的性感受，也會干擾和刺激他們對女生的欲望。另外，因為十分渴望獲得同性夥伴的友誼，他們甚至會想嘗試和同性之間有性接觸——這一切對他而言真是充滿了困惑。所以這個年齡階段的男生會很害怕被貼上「同性戀」的標籤。他們之所以有同性戀恐懼症（homophobia），是因為青春期的男孩，其男性身分認同還很脆弱，這使得他們不得不用很僵化的方式來捍衛自己的「男子氣概」。

這時候我們又需要父親登場了。面對兒子的困擾，父親應當鼓勵兒子接納自己對其他男性所產生的溫柔甚至懷有愛意的感受，並把這種感受視為男子氣概的一部分。要知道一個和兒子維持著安全、沒有脅迫感、且充滿愛意關係的父親，本身就可以為這些感受正名（幸運的話，這種父子關係應該在很久以前就建立了）。另外，父親可以讓兒子放寬心，告訴他每個男性偶爾都會對自己的男子氣概有所焦慮，也都偶爾會擔心自己是不是和其他同性走得太近；這很正常。

總之，父親用自己和兒子之間愛的關係做出了一個巧妙示範：溫情、充滿愛的關係不會削弱一個男人的男子氣概；相反地，它會豐富男子氣概的內涵——如此一來，這就是一個父親對兒子發展同伴之誼的最好的支持。所以，父親在此階段應該繼續敞亮地表達對兒子的愛意，與此同時同理兒子在這個特定階段擔心被視為「同性戀」的焦慮。青春期男孩其實一直在找尋方法來表達自己對摯友、喜愛的老師，以及其他男性的溫情，所以他們會密切地關注自己爸爸在這個方面的所言所行，雖然他們可能表面上看起來酷酷的，一副毫不在意的樣子。

然而，有些男孩成長到青春期，的確發現自己對同性有著強烈的情感和欲望，而且也可能真的是同性戀。這種情況，對於很多父親而言是難以接受的。但是這些同性取向的男孩們，和異性取向男孩一樣，也需要一個對自己有感情、理解自己的父親來支持自己這個版本的男子氣概的繼續發展。相反地，如果父親對此是拒絕的、批判的、退縮的，甚至做出一些行為來羞辱自己的兒子，那麼這個兒子就會很難接納自己，尤其是接受不了自己的性欲。

實際上，一個同性取向的兒子和他父親的關係在青春期保持得越好，那麼這段親子關係就越有可能在孩子的青春期後期和成年期得到持續發展。而那些能夠支持兒子同性取向的父親，也會對「男人」這個詞逐漸生成一種更微妙和更深刻的理解。

我這裡有一個例子。我的個案大衛是十四歲男孩傑瑞米的父親，他幾年前在兒子的電腦上發現了一個同性戀色情網站，這讓他著實心煩意亂。後來他又發現傑瑞米在和一個年齡更大的男孩交往。雖然他愛著自己的兒子，但兒子無論從哪個角度看都是個同性戀這個事實，還是深深折磨著他。

「傑瑞米很可能是同性戀，這對你來說意味著什麼？」我問他。就是這一問，打開了大衛自己對同性戀恐懼和厭惡的自我探索大門。此外，他還談到了自己所體驗到的一種深切的悲傷——從傑瑞米降生的那一天開始，大衛就想像傑瑞米將來有一天會娶一個和他媽媽一樣美麗的女人，他會想像看著兒子和這個女人步入婚姻的殿堂，然後他們有了自己的孩子，而自己則可以抱孫子。而他和傑瑞米的關係也會一直很緊密，每年夏天父子都會計畫一起外出露營旅行……

隨著時間的推移，我們發現大衛越是能夠自由地表達自己曾經對兒子的期待和對他未來的想像，以及感受到因想像和期待破滅而生的遺憾，他就越能夠接受傑瑞米是同性戀的事實。雖然父子之間的關係經歷了許多動盪，但兩人最終還是接受了對方與自己的各種相似和不同。

高中畢業的那一天，學生會代表在全校師生面前感謝傑瑞米所創辦的「同性學生聯合會」，當他的名字被唸出的時候，同學們發出了巨大的歡呼聲——那一刻，見證這一切的大衛，成了一位無比驕傲的父親。

兒子會喚起父親的身分認同危機

青春期男孩的父親不只要面對兒子的身分認同問題，還要面對自己的這個問題。青春期和中年期常常重合在一起，而人到中年，很多男人會開始反思一些自從青春期以後就再沒有考慮過的問題：「我兒子現在已經成為一個年輕人了，那我又成了誰？這個和我在一起這麼久的女人，她都經歷了什麼？我的生活有意義嗎？趁著還有機會，我要做出怎樣的改變？」

很多男人直到兒子逼著他們回答這些問題的時候，才會開始正視自己的中年危機。喬來見我的時候，他十六歲的兒子亞當正讓他擔心得不得了，可以說處處都讓他這個做父親的「難堪」。喬告訴我，他和亞當一直以來都很親密，但是現在他這個做父親的卻對亞當的校園生活和他剛交的女朋友一無所知。每次他想問問兒子情況的時候，兒子都會正顏厲色告訴他一切都很好，「而且不管怎樣，這些都是我的隱私，所以不要問了！」緊接著，就是砰的一聲關上自己的臥室門。

「你這個被寵壞的小屁孩！」有一次喬實在是忍不住了，他對著亞當吼道：「我是你爸！我有權利知道你的事！」

「我看你只不過是一個離開老婆孩子就不知道該怎麼活的小男人！」亞當隔著臥室門回吼道：「你都沒有自己的生活，你的整個生命都圍著我打轉。你現在是不是要為自己找幾個朋友，過上屬於你自己的日子了？」

為了打造除了兒子這個身分以外的新身分認同，亞當把自己和爸爸之間的門重重地關上了，這扇門既是指他的臥室門，也是指他的心門。但是對喬而言，他看不到亞當這樣做的成長性意義，他只能看到自己的失落。他悻悻然地告訴我：「我什麼都給了他，而他現在竟然不想跟我有瓜葛，這個不懂得感恩的臭小子。」喬的悲痛就寫在臉上，但是和大部分父親一樣，他現在只能體驗到對兒子的憤怒。

我和喬繼續探討這個主題，情況越來越明顯：亞當對他爸說的話越來越沒禮貌，不過仔細聽還真有點道理。實際上大多數青少年身上都攜帶著某種雷射導引般的「缺點探測器」——這讓他們可以精準地「嗅到」自己父母身上的現實缺點，即使父母再怎麼掩飾也沒用。繞了一圈以後，喬痛苦地承認：「唉，也是，我除了老婆以外幾乎沒有朋友，我的生活整個就是圍繞著工作和養家在進行，為了把亞當和他的姊姊喬麗拉拔大，我幾乎付出了一切。事到如今，除了『工具人』，和我自封的好爸爸身分以外，我還真不知道自己是誰了。」

這段由兒子的切實觀察所引發的獨白，成為喬個人分析的突破口。喬現在意識到亞當正在構建他年輕男性的新身分認同。而他自己，實際上也在處理自己的「中年危機」：面對這個正在老去的自己，喬也的確需要一個新身分了。他無法再躲在「好爸爸」這個核心身分認同之後，因為兒子已經長大，只是一個好爸爸身分已經不能再說明一切。所以，無論喬再怎麼痛苦，也必須為自己打造一個新的身分。

在接下來的幾個月裡，喬撿起了攝影這個老嗜好。他每週日下午都會在自己的社區走街串巷地拍照。接著，在亞當上大學以後，父子之間還是會時有爭執，但是喬可以經由在暗房裡工作幾個小時來慰藉自己。上次我聽喬說起亞當，是亞當從法學院畢業的時候。喬告訴我，現在他和兒子的關係已經回到了彼此尊重但又親密的狀態。聽到這裡，我高興極了。

這個例子告訴我們，有時候青春期兒子對父親的戲謔甚至嘲笑，其實可以推動父親面對自己的中年危機：人到中年，的確需要重新檢視自己。我們也經常看到，在孩子離家以後，父母會出現所謂的「空巢期症候群」（empty nest syndrome）。在這種現象底下深埋著的，其實也是中年身分危機問題。我們在下一章還會看到，母親經常比父親更早面對這個問題。

與父親進行的「第二次分離－個體化」

青春期一路下來，隨著青少年越來越維護自己的權利，越來越想要獨立於父母，他們和父母之間的「心理臍帶」（psychological navel cord）經過青春期早期的磨損、中期的弱化，最終會被切斷。以研究青春期著稱的精神分析學家彼得．布洛斯（Peter Blos）把這一過程命名為

「第二次分離－個體化」。[2]

我們知道男孩的第一次分離－個體化發生在學步期，那一次男孩是和母親分化，從而進入父親的世界中。所以第一次分離－個體化，母親承受衝擊最大。而這一次，青少年是要和原生家庭進行整體性分化，從而形成獨屬於他自己的世界觀。如此一來，父親就成了主要的分離對象。

如果一個父親，之前一直被兒子當成偶像來崇拜，那麼這個過程對父親來說會尤其艱難。青春期早期還好，受到崇拜的父親經常會在兒子和媽媽吵架的時候充當和事佬，這等於間接地支持了兒子找尋新的身分認同。這個階段父親對兒子稚嫩的分化需要還是有直覺性理解的，透過表達這種理解，父親可以讓兒子（還有兒子的媽媽）覺得他的發展是正常無偏的。這樣一來，父親等於又像學步期那樣做了一次「拯救者」，幫助自己青春期的兒子和他媽媽進一步分化。

但是青春期越往後，兒子越會感到和父親之間的連結很幼稚，以至於和父親連得越緊，自己看上去越退化，越像個小男生。這個時候劇情就要大反轉了：兒子會變得不想和爸爸接觸，並最終把之前對爸爸的理想化破滅掉。在這個過程中，他們常常會看到爸爸令人失望的一面、他的不稱職、他的侷限和不公平，他的老態、邋遢、虛偽和固執。往日的英雄，變成了今日的狗熊：父親過往的權威，今日盡成灰燼。

我有一個同事曾經告訴我：他在十六歲以前其實一直都在仰視自己的老爸，他覺得自己的爸爸很強壯，雖嚴格但又很公平，而且愛玩。但是一九六九年夏天，也就是他滿十六歲那年，爸爸和他大吵了一架，從此改變了兩人之間的關係。

事情的起因是他決定和自己的朋友們一起自駕去參加伍茲塔克（Woodstock）音樂節，那可是搖滾樂的盛典。「爸爸當時聽到我在電話裡和朋友們討論，」這個同事回憶道，「當他穿著他那件睡衣走進我房間的時候，我真是給嚇到了，我心想我爸爸的身形怎麼縮得這麼厲害？然後他開始解釋為什麼我不能去，因為他擔心我的安全。我二話不說從椅子上站起來走向他——我感覺自己當時簡直是聳立在他面前，我說：『你擔心的事情絕對不會發生的，我就是要去，你根本阻止不了我。』爸爸盯著我的眼睛，我倆都知道我說的沒錯——他阻止不了我。就在那一刻，我感到噁心，我為他的渺小、虛弱、無力感到噁心。」最後，這個同事悲傷地告訴我：這件事以後，他和爸爸在接下來的幾年裡，連一次像樣的談話都沒有過了。

為什麼青春期晚期的男孩需要貶低自己的父親？因為在這個階段他們要竭盡全力地找尋自己的身分認同，所以男孩們會根據自己的受歡迎程度、長相、才華以及聰明程度，不斷地重估自己的自我形象。同樣地，因為他們對自己的缺點也極其敏感，所以他們也很難不注意到自己父親的不足之處。要知道，把憤怒轉移到理想化形象崩塌的父親身上，總比對這個既困惑、自我意識又脆弱的自己失望要容易得多，在很大程度上這也要健康得多。

在和父親分離的過程中，有些青少年表現得好像要把自己對父親的需要完全抹去一樣。有不少青少年（尤其是之前和父親關係十分緊密，又或者其父親本身就比較喜歡管人或黏人）在這個階段經常會出現弒父的念頭。

雖然這種念頭聽上去很不能被接受，也經常被壓抑在潛意識層面上，但大多數青春期男孩在和父親爭奪自主權的過程中，都會潛意識地感到自己正在弒父。

試舉一例。唐納是我之前幫助過的一個病人，他來找我的時候十七歲，前來治療的原因是學習成績下滑，而且大多數時間他都處在一種高度焦慮的狀態之中。治療開始以後，事情變得越來越明晰：原來他一直在擔心自己做醫生的父親會突然死去，儘管在現實中父親的健康狀態極佳。

唐納常常會夢到父親死去。有一次他做夢，夢到自己在開車，而父親坐在副駕駛座上。不久他們的車就和另一輛車迎頭相撞。出事以後唐納自己還好，然而父親卻身受重傷。但是和往常的夢一樣，唐納在這個夢裡也是動彈不得，以至於他搆不到掉在路邊的手機，沒法打電話叫救護車，結果只能在無助中看著父親咽下最後一口氣。你可以想像他醒來以後是多麼驚慌。

不過隨著時間的推移，我們逐漸可以理解到在他身上存有的兩種矛盾心情：

1. 他想從強勢的父親那裡獲得更多的獨立；
2. 一旦這樣想，他就會害怕。唐納其實很害怕讓父親失望，擔心自己無法追隨他的腳步成為一個事業有成的專業人士。

但是最終，唐納還是看清了自己的心理現實：他真的很討厭自己過分在乎父親的意見。唐納一方面想從父親那裡獨立出來，另一方面他又不得不承認自己對父親有著愛恨交織的情感連結——他越是能直面這種矛盾，他的焦慮就降得越低，而他的成績也隨之提升。

唐納逐漸接納了自己做為一個青春期少年，想找到自己生活路徑的需要。他的夢境也反映出這個階段的男生時常會有的一種很自然的想法，以及伴隨著這種想法而生的恐懼：我要「殺掉」自己的父親，才可以變成一個獨立的男人。[3]

對父親的理想化破滅和分離的過程，對於青春期男生來說常常也是痛苦的，因為這會讓他們感到空虛、失落、疏離而饑渴。他們會急切地尋找能支持自己的替代者。很自然地，他們會從自己的同齡人或其他成年男性那裡去找尋「父親的替代者」（substitute father），比如他們的叔叔、教練、老師等等。還有一些男孩會把和自己父親特點截然相反的男性高度理想化，並加以崇拜，比如搖滾歌手、說唱達人、宗教禁欲主義者，又或者是與父親價值觀相左的政治領袖。但是，如果青春期男生和父親的關係問題本就很大，那麼這些男生就可能會把期待大部分都放在除父親以外的男性身上，由於這個階段的男生高度依從同儕文化，因此他們找的對象，也可能會使他們誤入歧途。[4]

就父親來說，他需要找到合適的方法來處理兒子的遠離，其主旨是：支持而非破壞孩子的分離需要。有一次我陪著同事保羅一起去看他兒子馬克的足球賽。十五歲的馬克在場邊和隊友一起熱身的時候，保羅開始跟我回憶起他和兒子的過往：兒子第一次踢球是他教的，父子倆以前每個傍晚和週末都會在一起練球。但是時光荏苒，今時今日的馬克已經不再想跟父親一起練球了，保羅辛酸地說道：「他是因為我才愛上運動的，他的運動能力也是遺傳了我的，但是現在我除了做開車送他去比賽的司機以外，什麼也不是。」

就在這時，場上傳來一陣歡呼聲——馬克進球了！剛剛還陷入痛苦回憶的保羅馬上開始鼓掌，他笑著給兒子豎起了大拇指。但是，馬克只是對他點了下頭就跑到教練和隊友那邊去和大家擁抱了。換作幾年前，保羅一定會瘋狂地為兒子歡呼，但是他知道：如果現在他情緒還是那麼激動，馬克是會感到難堪的。

所以，允許馬克和他自己的朋友，而非和他的父親慶祝進球，保羅實際上就是在照顧兒子的需要——他因此要克制自己的需要。通過這種照顧和節制，保羅等於就是在給兒子「放行」，允許他把自己體驗為一個獨立於自己原生家庭的、有能力的個體。這個個體可以從家庭外的世界中越來越多地收獲到支持、安慰和激勵，而非只能寄望父母的評價。

青春期的兒子掙扎著求得獨立，而中年的父親也有著自己的掙扎。保羅，做為一個看著兒子進球的父親，也在體驗著某種分化。那個做為「小夥子」的自己，那個兒子眼中曾經的英雄，正在逝去。花有重開日，人無再少年。保羅開始接受自己做為一個更為成熟的中年人的身分。因為他高度參與兒子的生活，所以他可以透過兒子的成長重新發現自己生命歷程的迴圈、短暫和無常。那些成長歷程中令人痛苦的失去，那些令人害怕的改變，還有讓人興奮的機遇，總會出現在我們眼前，無論我們年齡多大，無論我們走了多遠。

保羅的體驗是深刻的，因為他正在把自己視為一個祖先——他是新一代生命的父親。這種體驗將會對他探索接下來的中老年生活產生決定性的影響。保羅做為一個父親，他也在成長。也正是他的父性，形塑且影響著他身為一個男人的繼續成長。也正因為他可以繼續成長，他才可以放開手，讓兒子完成自身的成長。

一個高度參與兒子的養育過程的男人，會有更多機會直視自己做為一個人和做為一個父親的侷限，並且他也更能夠接受自己不再年少的事實。足夠幸運的話，他還能因此更深地理解自己的父親，並與他產生更完整的和解。

許多男人很難承認自己的失敗。一路走到中年，他們或因事業上的成功，或因自己在家庭中發揮的作用，或因自己年輕時的成就和創舉，而一直在某種程度上把自己視為英雄。但是兒子在青春期對他們產生的不屑甚至鄙視，常常會讓他們懷疑自己的英雄地位，會讓他們反思自己生命中那些被挫敗的夢想，以及其他讓人失望的部分。無論多麼痛苦，這種反思都能引導一個男人為自己的後半生建立一個更為現實、因此也更加堅實的自我形象。

青春期個體化的重要性

對父親的滿意和失望情緒，會伴隨著兒子的一生。但是這兩種情緒通常會在青春期到達頂峰，因為這個階段兒子的發展任務是逐漸消除自己對家庭的依賴。

青春期多重變化的到來，預示著父母養育孩子最主動的階段即將結束。兒子「第二次分離－個體化」出現的時候，也就是父親哀悼一個時代結束之時。但同時他也要為兒子的獨立嘗試而感到欣喜，當然這絕非易事。那些認同兒子青春期分化需要的父親，可以讓這一階段進展得更順利。

同時兒子的青春期，會讓父親在自己青春期所遭遇到的挑戰被再次激活，從而使這位父親有機會在引導兒子找到更為現實的自我身分認同的同時，也修補他自己年少時的失望和野心。在引導兒子的過程中，一位父親也會常常記起，甚至是再現自己青春期時代的高潮和低谷。不過這一次，我們有了成年人後見之明（hindsight）的加持。

青春期時代持續不斷的自我關注、自我價值感的受損，這些都可能是一個父親自己曾經親身體驗過的。所以這一次當他們發現兒子也在遭受類似的困擾時，就可以協助兒子更冷靜地處理這些狀況。當一個父親逐漸放下父親的角色，而把自己設身處地地置於一個「少年」的位置上時，無能感、無奈感、失敗感等典型的少年感受，就都不再是天大的、沒法面對的事了。

男孩在青春期需要完成的另一個發展任務，就是為自己成年以後的親密能力打下基礎，精神分析把這種能力稱為「成人生殖欲」（adult genital desire）。青春期的男孩要穩固自己的性別認同和性取向（比如確定自己是愛男性，還是愛女性）。同時他還要經由哀悼和放下與父母之間稚嫩的情感連結來獲取自我（ego）的成熟，以及興趣的穩定。我之前已經提到過，在前青春期和青春期早期，因為兒子渴望被保護的非性欲的需要被啟動，所以在這兩個時期父親仍舊是被理想化的。但是到了青春期中期，當兒子想要擺脫「兒童」這個身分時，父親在他心中的形象則會大大貶值。在這個轉折期，如果一個父親能夠理解兒子複雜的成長任務，那麼他就能強化兒子的能力，幫助其逐漸擺脫稚嫩的、非黑即白的、充滿著理想化色彩的依附模式，建立起成人的自我理想（ego ideal）。所以，一個父親若耐受得住自己的貶值，那麼他的兒子反而就不需要狂悖逆反。兒子可以在整合與老爸之間的早年親密的同時，繼續以一種不那麼衝突的心情，向外面那個成人世界進行拓展和探索。[5]

父親還須承受得住兒子對自己理想化和幻想的破滅。是的，父親曾經積極主動地促使兒子認同自己（同時使他和母親保持一段最佳距離），但現在父親必須要以一種更為被動的方式，以一種不再處在中心位置的姿態，耐受住兒子與自己的漸進的、反覆的分化。另外，父親還要含蓄地支持兒子試驗新的身分認同。他甚至還要支持兒子與我們前面所說的那些「父親的替代者」接觸，即使這些人常常處在和自己這個親爸截然對立的位置上。在此過程中，父親需要具備一貫性和內外一致性。當然，他還需有一個必不可少的、健康的自戀系統。

要嘗試，但也要有限制

青春期的男孩似乎沒有辦法不透過各種試驗來探測界限或限制。有時候，他們還會刻意挑釁自己的父母，進而引發其反對，然後父母的反對又強化了他們與父母的分離。面對這種局面，一個父親要牢記：無論自己的青春期孩子多麼勇於冒險，他其實都不想自我傷害，也並不想放棄自己在家中的位置。

要理解兒子的諸般挑釁，對一個青春期男孩的父親而言，其實真的不容易：因為這些小屁孩有時喝醉，有時和穿著過於暴露的女孩約會，有時加入不良組織，還有一些對什麼都看不順眼——這都是男孩試驗自己新的身分認同的表現。你會發現，在所有這些行為之下，幾乎都有「就是試試」的特徵存在。這很快就會讓我們想起他們曾經的學步期——一小步一小步地離開媽媽，有時冷不防走出一大步，直到突然發現自己走得太遠，頓時心生恐懼，然後又急吼吼地退回到媽媽身邊。同樣地，青少年會嘗試各個新近出現的自我，但又避免讓自己專屬於其中的任何一個。

所以身為父親，你要識別出兒子的這種個體化需要，而且你要在兩種極端情況的中間找到一種微妙的平衡：一方面，不要反應過度，因為這會讓你的兒子變得更加危險和叛逆，讓他採用更加極端的方法來標定自己的個性；另一方面，也不要無視他的挑釁，因為在衝突中退場，等於就是在戰場上做逃兵，這會讓你的兒子感到被拋棄。總之一句話：你要帶著合理的限制，有時甚至是不認同他的某些具體行為，來支持兒子的試驗。經由設定合理的限制，父親就可以極大地幫助兒子把習慣性的衝動行為，轉化為可以溝通的語言。

試舉一例，弗蘭克來找我諮詢他兒子傑瑞的問題。傑瑞今年十七歲，一直以來和弗蘭克都很親密，但是近來他變得有些不守規矩，而且對老爸弗蘭克說話相當不客氣。在和我的工作中，弗蘭克發現要耐受傑瑞的攻擊性確實有困難，於是我開始幫助他學習設立堅定卻有建設性的限制，以應對傑瑞把情緒迅速訴諸行動的傾向。

一天傍晚父子倆又開始吵架。弗蘭克告訴傑瑞他今晚不能把家裡的車開出去，但是沒想到傑瑞一把拽過鑰匙，逕自朝車庫走去。弗蘭克的臉色變得鐵青，但是依然試圖保持鎮定。他想到和我之間的談話，想起我們商量過要通過設定合理的限制，從而把兒子的衝動行為轉化為更文明的表達。弗蘭克告訴我，他當時選擇擋在傑瑞面前，態度堅定地告訴他：「不要再往前走。你今晚不能用家裡的車。不管你對我多麼生氣，你依然要注意你的言行。我不接受你對我的辱罵，我不接受你踐踏我和你媽的感受，我不接受你破壞這個家裡的規矩和底線！」

傑瑞沒有回答，他把車鑰匙往地上一扔，然後急匆匆回到了自己房間。但從此以後，傑瑞再沒有這樣激烈地爆發過。雖然弗蘭克很難相信，但我還是讓他理解到這種可能性：其實傑瑞和大多數青少年一樣，內心深處是渴望父親為自己設定某種限制的。也就是說在這個衝突事件中，他其實是希望父親把他留在家裡的。

一旦弗蘭克在家裡設定了底線，他就不必再害怕傑瑞辱罵自己了，而父子倆因此也就有了更加坦誠的對話的基礎。「我明白你並不認同我做的某些事情，」某天飯後，父子倆在清理桌子的時候，弗蘭克說道，「但如果你可以禮貌地對我提出批評，我是會聽的。」爸爸顯得很真誠，這讓兒子也更加放鬆了下來。他仍然疏離，但是後來他對家裡人有憤怒的時候，表達卻較為禮貌了。

至於弗蘭克，他透過學習為傑瑞設定必要且合理的限制，成功地把自己的無助感轉化為成年人的建設性行為。與此同時，因為他有能力耐受傑瑞更為節制的攻擊性，所以他最終幫助兒子學會了以一種有效的方式，表達對父親及他人的負面和矛盾情緒。

與父親分化，意義何在

那些因為各種原因，在青春期沒法把父親去理想化，無法把他請下神壇的男孩們，在接下來的成長中通常會遇到很多問題。有些一輩子都擁護父親的理想形象，僵化地維護這個形象，眼裡容不得一點沙子。而另一些則可能一輩子貶損和責怪自己的父親，對他絲毫不憐憫。無論是哪種劇情，這些男孩心中的父親形象和他們的自我形象都被固化在非黑即白的基礎上——這使得他們的心智沒法充分成熟。

舉個例子。傑佛瑞生長在美國中西部地區的一個小鎮上，他父親是鎮上極受人尊敬和愛戴的兒科醫生，傑佛瑞是他的獨子。不幸的是，父親在傑佛瑞十五歲那年因為嚴重心肌梗塞而意外去世了，在那之後，媽媽又開始公然詆毀她的亡夫……傑佛瑞大學時代在一所常春藤聯盟大學就讀，成績相當優異，但是研究生階段卻被迫退學。他後來嘗試做了很多工作，包括牧師、工程師、律師。巧的是每次當他要拿到結業證書的時候，都會馬失前蹄，比如光是律師資格考試他就搞砸了好幾次。

傑佛瑞和我開始做心理治療的時候已經三十五歲，是兩個小孩的父親。他當時的工作又失敗了，婚姻也岌岌可危，整個人非常抑鬱，同時深受自我懷疑情緒的折磨，還對自己越來越多的同性戀幻想感到憂心。他和自己的母親保持著親密的關係，但是又對她百般挑剔。他對自己的岳父情感很複雜，也不願與之打交道。而且我發現從頭至尾他都把自己的生父視作「完人」，對他始終保持著一種浪漫主義和理想主義式的忠誠。

在治療最初的六個月裡，傑佛瑞表現得很投入，而且他的現實境況也開始好轉。但是在那之後，他對治療效果變得極端挑剔，對我也很容易產生不滿。「周圍所有人都說我的治療沒有絲毫進展，」他引用他妻子、媽媽還有岳父的話說，「他們都想知道我這輩子到底想幹什麼，時不我予啊！」

在後來一次治療當中，傑佛瑞開始對我產生暴怒。他臉漲得通紅，對我狂吼，以至於我當時真擔心他會取一塊紙鎮向我這邊甩過來。接下來的幾次治療也好不到哪兒去，他對我的攻擊變得肆無忌憚，以至於我都感到治療做不下去了。實際上，在他攻擊我的時候，要理解和耐受住我自己的情緒也是極其困難的。他讓我當時產生了一種強烈的報復性的憤怒，精神分析師們通常把這類情緒稱為「反移情」（countertransference）。可以肯定的是，我當時忍受自己的反移情的能力真是受到了莫大挑戰。

遭受攻擊的那段歲月裡，有一種洞察幫我保住了我們之間的治療框架——我意識到他之所以會如此對我，是因為我們當下的關係啟動了傑佛瑞內在的另一種從沒有被修補過的關係。也就是說，先前在他的眼中，我其實和他的「完人」父親一樣，可以滿足他所有的願望和期待。但這種對理想化父親的諸多期待是不可能被實現的。因其不可實現，所以傑佛瑞對我轉而從極度理想化，掉落到極度失望，甚至是暴怒——他在內心中把我體驗為一個騙子，看上去有答案，實際上只是在騙他。所以他現在一心想著擺脫我這個「不完美且殘缺的東西」，越快越好。

在他冷靜下來以後，我們終於有機會談論之前發生的事了。他承認，這是他有生以來第一次對一個試圖照顧自己的男性直接表達憤怒和失望。在此基礎之上，他得以逐漸地展開自己對「立於神壇上的父親」的去理想化進程，或者說恰到好處的分化過程——這一過程對男性而言是必要的。

他自己的父親在世的時候很自戀，以至於無法耐受兒子對自己幻想的破滅，再加上他突然過世，以及後來媽媽對這位備受尊敬的父親的詆毀——這一切的一切，都使得傑佛瑞無法在內心中形塑一個成人式的自我理想化形象。所以後來傑佛瑞既無法哀悼因高度理想化的父親過早去世而生的喪親之苦，也沒法借助一個耐受得住兒子去理想化過程的父親，來發展出自己成熟的男子氣概。再者，因為傑佛瑞認定即便自己的父親活著，他也不可能受得了自己對他的不滿，所以實際上我就成為第一個可以讓他「肆意妄為一把」的男人。一旦傑佛瑞領悟到自己幻滅感和憤怒感的成長意義以後，我們之間的治療瓶頸，也就隨之被突破了。

總而言之，一個青春期的少年，如果擁有一個允許自己被兒子推下神壇的父親，那麼這個少年就會擁有更大的內在自由，他可以選擇性地認同父親的一部分特質，而不是囫圇吞棗地認同或拒斥其全部。所以我們說，這樣的少年是幸運的。

反過頭來，因為少年曾經關於父親的理想化形象在青春期可以得到調整，所以他的自我形象也就會相應地變得更加現實而靈活。於是這種幸運的少年，就像他們的父親一樣，既能夠體驗到自己的力量，也允許自己觸碰到自己的弱點。於是，在通往成人世界的路途上，他們便得以帶著對自身力量和侷限的雙重感知，充滿現實感地前行——既不將自己捧上天，也不把自己踩下地獄。

父子一同應對失落

在青春期的諸多激烈情緒（興奮、狂怒、失衡感、喜悅、恐懼、孤立感，甚至是狂喜）之下，掩藏得很深的一種情緒，其實是失落感。瑞蒙．卡佛（Raymond Carver）在他的短篇故事《自行車、肌肉和香煙》（*Bycycles, Muscle, Cigarettes*）中寫道：

少年讓到一邊，看著自己的父親從門口經過……然後，男孩開口說道「爸爸？你可能會認為我有毛病，但是我真希望你在……你在我這麼大的時候，咱倆就互相認識了。我不知道該怎麼說，但我只是感到有些孤單。就好像……就好像我現在已經開始想念你了。這聽上去有些瘋狂，不是嗎？」[6]

其實對於很多青春期男孩而言，成人的世界既誘惑，又深具危險。所以他們表面上的目中無人，常常只是為了掩飾內心的恐懼。青春期男孩，尤其是之前家庭環境相對穩定的男孩，更是需要哀悼生活中的諸多喪失：與父母的親密關係、他們眼中曾經健康而有活力的爸爸媽媽、他們自己的兒童身分、他們所熟悉的小男孩的身體、之前那個安全可靠的世界，以及單純的生活本身。

精神分析作家裘蒂絲．維奧斯特（Judith Viorst）在其作品中寫道：來到青春期的少年們，等於是來到了「波濤洶湧的海岸邊」，而「所謂的離開，幾乎就意味著溺水」。很多人還會直覺性地認為，隨著時間的流逝，自己的悲傷和失落只會越來越強，而身後「伊甸園的大門，將會被永遠地關上」。[7]

很多男孩無法面對這種必要的哀悼。他們試圖透過延長自己的青春期來防禦失落感。還有一些少年會經由退行到童年期來阻止自己長大：他們肆意發脾氣，就好像自己還是個學步期的娃娃；他們經常生病，這樣就可以待在家裡不用去上學；他們迴避所有社交，表現得十分退縮；還有一些會做出很不負責任的行為，以求得父母的注意，甚至是監管。

面對這些情況，父親一方面需要透過承認兒子的失落來助其哀悼；另一方面也需要讓兒子看到，長大不只意味著失去，它也意味著有所獲得。試舉一例。我朋友的兒子查克今年十五歲，他一直以來都是一個成績優秀的好學生。但是到了高二，他的成績卻直線下降。他開始拒絕做家庭作業，為此甚至和父母在哲學層面進行爭論。他考前不複習，有時明明完成了作業或實驗報告，卻也不交。查克的父母對此束手無策，因此他們希望我能介紹一個心理治療師。我把他們轉介給一個家族治療師，這位治療師非常睿智地指出：查克實際上是在透過讓自己的學習成績下降，來表達對成長的擔憂。他之所以會在學習方面自縛手腳，是因為害怕上大學。上大學則意味著離家——他顯然還沒有在情緒上為此做好準備。

在明白了個中緣由之後，查克的父親反而放開了對兒子學習成績的執念。查克很快就體驗到來自學習上的催逼少了許多。如此一來，他和父親之間就有了空間談論除學習以外的東西，比如對於離家的恐懼。因為可以直接談論自己的恐懼，查克就不需要再把這層恐懼在學校裡用行動表現出來。結果僅僅幾個月時間，他的平均分數就提上來了。

查克對長大依然懷揣著矛盾的情緒，但是因為有了父親的幫助，這些情緒變得更容易被耐受。父子之間對長大所面臨的挑戰有了深入的交談。父親一直試圖理解查克，也願意在情緒層面上與兒子待在一起，這最終使得查克心中的恐懼，不再具有支配性的力量。

實際上，做為青春期男孩的父親，他自身又何嘗不被日益增強的空虛和失落感所包圍？我們會發現自己被兒子逐漸推開，會發現自己已不再是他宇宙的中心，這何嘗又讓人不傷感？正如前文中保羅所哀歎的那樣：他現在充其量不過是兒子的車夫罷了。

然而更令人感傷的是，像保羅這樣的中年父親，還須哀悼自己青春年華的一去不返。看著在足球場上衝刺的兒子，保羅陷入了回憶：他想起自己高中時代的美式橄欖球生涯，想當年自己那也是球踢得非常好的。他知道自己現在仍然可以來個衝刺什麼的，但之後呢？自己一定會上氣不接下氣，又或者腿抽筋，還會顯得有點傻……保羅失去的是自己年少時的體力和精力，但他增長了難能可貴的、關於生命的智慧——人生如白駒過隙，然而在每個人生階段，捨和得都是緊緊相隨、難以割裂的。

在這個發展階段，父親還要面對另一些很重要的失落。實際上，人到中年會尤其喜歡懷舊。加上兒子的性萌芽出現，深受影響的父親似乎也會被拽回到自己曾經風華正茂的歲月，重溫自己過往的輝煌抑或辛酸。有些父親，甚至通過和更年輕的女性發生婚外情，把自己的情感訴諸行動。這就是所謂的中年危機。在這場危機中，男人會想盡辦法抓住自己廣義的青年時代最後的尾巴——這已成了大眾眼中的某種刻板印象，甚為遺憾。

另外，父親為兒子感到驕傲，這聽上去沒有問題。但是父親也會不可避免地嫉妒兒子。試想一下：你自己的腰越來越粗，髮際線越來越高。不巧往兒子身上瞥一眼，這小子卻皮膚緊致，肌肉結實。更不用說你自己的老婆已經老了，而你兒子帶回來的女孩卻……

父親不必為此難為情，因為這絕非男人第一次嫉妒自己的兒子。當兒子還是新生兒的時候，很多爸爸就會嫉妒兒子奪走了老婆的全部關注。但是這種早期的嫉妒很快就會消減下去，因為我們前面說過，父親會因兒子與自己性別相同，而對他產生強烈認同，緊接著會和兒子發展出獨特的情感連結。

但這次不同，這次兒子是在離開爸爸，並非靠近。所以青春期男孩的父親對兒子的嫉妒接下去只會有增無減。他和兒子連結不上，反而越來越疏遠，在性方面又變得越來越明顯露骨——這一次做爸爸的只能一個人嚥下自己的嫉妒，眼睜睜看著兒子變為「翩翩少年」，而自己則淪為「垂垂老朽」。很有可能，這是一個男人第一次體驗到：他自己的路和兒子的路正在岔開，而非交會。

如果父親在兒子日漸遠離的大背景下，依然可以識別且涵容自己的痛苦和嫉妒情緒，並且還願意為兒子負責，這就是允許兒子在成長過程中積極找尋屬於他自己的身分認同，且不必否認自己的性欲。同樣，面對那些因兒子與自己分化所生的痛苦，如果一個父親可以找到建設性的方法應對（既不報復兒子，亦不因兒子的不屑一顧而變得自我批判、鬱悶甚至直接退場），那麼這樣的父親將會在接下來的歲月裡會收穫到更讓人滿意的生活狀態，以及和兒子之間更深遠的情感連結。更重要的是，這就等於自己成全了自己：允許自己用一種較為成熟的新角度，來重新審視自身的競爭欲、嫉妒心、失落感受，以及自己做為一個中年人的身分認同感。

舉個例子，五十一歲的布雷德，最開始把自己描述為一個替兒子感到無比驕傲的老父親。他兒子傑森十七歲，無論是在學習還是在社交方面都非常出色。但隨著我們探索的深入，布雷德的痛苦卻越來越明顯，因為他內心裡實際上對兒子的成就感到憎惡。現在不斷有大學向兒子熱情招手，而傑森每次回家又從學校裡帶回了什麼好消息的時候，布雷德都會感到內心不舒服。

布雷德最近被告知他必須做一個髖關節置換手術，而且他自己的生意亦經營不善。儘管遭遇到了這些挫折，他始終搞不懂自己為什麼會對兒子的成功反應如此消極。當然，他還是明白要把自己對兒子的憤恨之情先控制一下，不付諸行動。

在分析中，布雷德能夠越來越輕鬆地談論這些情緒，他還告訴我：他真的很害怕自己最好的歲月一去不返。他說他很愛自己的兒子，也真的不想傷害他，但是他現在內心的憎恨、憤怒，以及對衰老和疾病的恐懼好像真有點壓不住了。

隨著時間的推移和越來越多的情感傾訴，布雷德開始體驗到了些許解脫。看著兒子蒸蒸日上而自己每況愈下，這種情況給人帶來的苦痛其實是可想而知的，他告訴我：「你好像理解我的感受，而且顯然也沒覺得它們很不正常。」這種傾訴和理解的過程讓布雷德明白了一個道理：他並不是唯一一個對兒子的青春期個體化勝利和自己的中年挫敗懷有複雜情緒的父親。我們的工作就是幫他接納自己的感受，讓他明白無論這些感受讓人多麼不適，都是屬於他自己的感受。做為父親，我們要允許自己體驗這些感受，但不要以破壞性的方式把它們付諸行動。更重要的是，即使你內心有這些感受，這也不表示你是一個糟糕的父親。最終，布雷德重新拾回了自己的驕傲：他驕傲於自己無論內心怎麼痛苦，也沒有讓這些痛苦轉化為現實行動去傷害兒子。他保護了兒子。

當男性告別青春期之際，他應該已獲得了一個重要的發展里程碑：童年時代的落幕。如果一切發展順利，這個男生應該已建立起了一個既穩定又具靈活性的新的身分認同。他會感到有力量做決定，會更加信任自己的判斷；他會接納自己身上的男子氣概，同時也得以整合一些典型的女性特質，基本上接納了自己的性取向。如果幸運的話，他甚至可以與自己童年時代的創傷和解，並大體上找到原諒自己父母的方法——即使他們經年累月下來做錯過很多事情。即將成年的他，應該也獲得了一種與過去不割裂的自我連續感，他開始內化一種更為現實的自我形象——這個自我形象為他將來在成人世界中找到自己的位置，鋪設了相應的價值感和使命感。

與此同時，這個男生的父親相應地也會更接近於解決自己的身分認同、進一步的分化、失落感問題。他不再試圖做兒子的「英雄」，對於生命的有限性或許也找到了應對的方法。現在，一個年輕的男人將要開啟自己的成年人生活，而另一個不再年輕的男人，將要面對自己的老去，還有面對那個已然成年的男人的新生。在接下來的章節中，我將會繼續討論這兩個成年男人之間的關係。

第 7 章

成年早期：在場邊指導

第7章
成年早期：在場邊指導

要成為一個男人，準確地說，就是要負起責任。

——安東尼．聖修伯里（Antoine de Saint-Exupéry）[1]

我同事韋斯的兒子叫艾力，我聽到這個故事的時候他剛剛大學畢業。艾力的計畫是來年在市區租一間公寓，找份廚師的工作，並且申請下個學期工程學院的研究所。

然而，理想很豐美，現實很骨感，艾力出師十分不利。首先，跟艾力一起合租公寓的朋友得到了一份國外的工作，必須提早離開，所以艾力得在租約到期前趕緊找到一個新的室友。接下來，艾力工作的餐館在開業前一週遭到雷擊，艾力和大部分餐館新雇的員工都被遣散了。而其他可行的工作都已經招滿了。

這時艾力給他爸韋斯打電話。「我想回家了，爸爸，」他告訴他的父親，「我不能再住在這裡了，跟我一起住的那個孩子從來不鎖門，不倒垃圾。他每晚都和他的女朋友在客廳的沙發上鬼混，我就只能待在自己的房間。我找不到工作，我不知道還要待在這裡幹什麼。」

聽到兒子的痛苦傾訴，韋斯告訴我他當時很想對兒子說：「沒問題，回家吧。你會在這裡找到工作，我們可以照顧你。」但他知道，從長遠來看這並不能幫到艾力。

所以他深深地吸了一口氣，說道：「我想你需要待在那裡。你會找到一份工作的，你需要堅持下去。至於你的室友，告訴他如果他不能負起他的責任，你會去找別人合租。這兩件事都不容易，但我對你有信心。」

「你根本不知道你在說什麼！」艾力咆哮：「根本沒有工作。我簡直不能相信你要我待在這裡，你的意思是難道我週末都不能回家了嗎？」

「你週末當然可以回家，但之後你還是要回去。」韋斯說。「你想清楚，你真的打算跟我還有你媽住在家裡嗎？」

艾力深深地歎了一口氣，聽起來十分灰心。他說：「爸爸，有時候，我都不確定自己想要什麼。」

*

在接近成年的時候，年輕人需要開始著手建立他們的自主生活：像一個成年人一樣實現獨立自主的社會功能，離開他的家庭。自主生活包括了兩個任務：

1. 在世界上找到他自己的位置（包括找到事業方向）；

2. 形成親密而持續的戀愛關係。

每一個任務都不容易。在這個發展階段，很多年輕人發現他們正面臨著許多進退維谷的選擇，而且沒有任何清晰的路徑圖可以指引他們前行。所以蓋爾・希伊（Gail Sheehy）用「動盪的二十歲」來形容這個人生發展階段。[2]

就父親而言，他們和兒子一樣，必須得承擔起一個新的角色。儘管現在的父子關係常常溫暖而充滿了愛，不如青春期那樣充滿競爭性和性方面的張力，但父子間的力量對比已經發生了不可逆的改變。在此之前，父子關係是基於父強子弱的現實；而現在，兒子趨於成年，所以他和父親的關係也逐漸趨於平等——父親更像個同伴，只不過這個老一點的同伴自然會更有經驗一些。

在此階段，父親並不確定兒子具體要做什麼，所以他們需要適應「遠距父親」這個角色——克制自己的評價欲，把直接指導權留給兒子生命中其他年長的男性。然而，因為兒子隨時都可能需要父親的協助，以深入到成年人的世界中冒險，所以父親需要退守在場外，時刻準備著，等待召喚。

兒子再一次掙脫

像艾力這樣的年輕人需要完成發展心理學家們所說的「第三次分離－個體化」。他們清楚地知道，他們有責任採取一系列的行為向成熟邁進，努力遠離他們父母的保護圈，遠離他們的童年，去創造一個屬於他們自己的成年人身分認同。[3]

丹尼爾·萊文森（Daniel Levinson）是一位心理學研究者，也是成年男性綜合實證研究的主要研究人員，他將這些年輕人描述為「新手成年人」。[4]這些新手在此階段的發展要點乃是做為一個學徒，去學習建立一種成熟的男性身分認同。他們的重心已經出現轉移：這些年輕人不再固守在原生家庭裡，但他們也沒有完全建立起屬於他們自己的家庭。他們所聲稱的獨立常如鏡花水月，很多人在經濟上和情感上仍然依賴他們父母的支援。

與此同時，二十歲的年輕人已開始能明確表達出萊文森所謂的「個人夢想」。那就是，他會試著看清楚自己在成人世界中所扮演的角色，同時搞清楚自己是誰，要如何度過自己的一生。一旦覺察到自己的這些內在潛力，以及自己究竟可以成為何種人，便會讓他充滿激情和活力，而這些激情與活力會幫助他向成人世界繼續邁進。

年輕人通常會利用他在青少年時期所掌握的技能，專注於展示他的能力與天賦，以此來打造自己的公眾形象。他需要打造一個「外在的自己」或者「人格面具」，借此在成人世界中贏得成功和讚揚。要知道年輕人通常都想成為同伴、同事以及自己眼中的「英雄」，受此驅使，他們努力尋求卓越與成就，有時甚至會為此不惜代價。

父親支持並幫助他的兒子打造個人夢想，通常就意味著父親替代兒子認同並肯定了年輕人的探索努力。反過來，這個父親需要放棄自己做為一個英雄的願景，從而把英雄夢想的火炬交到兒子手上。事實上，很多男人多年前在他們的兒子出生的時候就瞥見了這個苗頭：比起他們自己，他們其實更關注孩子的人生軌跡。

所有的年輕人，不管看上去多麼叛逆或獨立，其實都渴望得到父親的認可，認可並贊許他們的男子氣概以及獨立構建出的男性身分。前面已經說過，獲得值得投身的事業和穩定的親密關係，乃是此階段年輕人面臨的最主要發展任務和挑戰。然而他們常常會在這兩個領域中掙扎，總覺得自己不夠成熟，不夠完善，甚至不夠男人。因此，特別是當一個年輕人不知所措、備感羞愧時，他會尋求父親的肯定——肯定他為建立成年人身分所做的蹩腳努力。他想知道，這些努力即使蹩腳，也不會讓自己的男子氣概打折。

但是，一個父親的認可之所以至關重要，還有另一個原因：當年輕人能從父親那裡體驗到尊重時，他便可繼續順利將父親去理想化，這是青春期後期就已經開始的過程。換句話說，當一個年輕人感受到他父親的支持，他便不再需要去崇拜自己的父親，便可收回投射在父親身上的力量，納為己用。

李曼·法蘭克·鮑姆（L. Frank Baum）的小說《綠野仙蹤》[5]裡桃樂絲有三個男性同伴：一頭膽小的獅子、一個無腦的稻草人和一個沒有心的錫樵夫。他們是幾個困在永恆童年裡的成年男性，他們強烈地渴望獲得另一個男性的指導，好將他們從各自的困境中解脫出來。他們與翡翠國的人民一起，創造了一個充滿著智慧、極具指導性的理想化父親形象：奧茲國的巫師。但最後他們才發現，巫師僅僅是一個普通人。但就在不久之前，巫師才幫這三位旅者分別發現並穩固了屬於他們自己的潛在品質——勇氣、頭腦和愛心，而這三者都是確保他們能進入成人世界的不可或缺的品質。

最後，當三位旅者發現巫師只是個騙子時，巫師平靜地接受了自己的去理想化過程。正如這個故事所揭示的，當年輕人收回他們曾灌注在父親身上的力量時，他們自己就能獲得更切實、更成熟、更完整的男子氣概。

父親要有新的指導風格

然而到了這個階段，父親需要在「場邊」指導他的兒子——給予他祝福，但不必過於積極地給出建議。丹尼，一個二十五歲的年輕人前來求助，他感到自己被「困住」了，他看到所有的朋友都比自己成熟。儘管他想要向成人世界邁進，但總感覺力不從心。「我工作的地方有個女人，」他說，「她非常性感，我總忍不住想她。我可以看出來她也喜歡我。我知道如果我和她發生點什麼，我的工作就會陷入窘境，而且我女朋友知道的話也會受到傷害。但也許她不會發現，而且有時我甚至並不在意她會發現。我的身體太想要這個女人了，我感覺我就要受不了了。」

當我問他想要什麼的時候，他說他希望一個「權威人物」（比如他公司的前輩喬治）能夠告訴他，想這些亂七八糟的事是「愚蠢的」，他應該要抵禦誘惑，去思考對他來說什麼才是真正重要的。

「聽起來你似乎知道該怎麼做。」我說。

丹尼點頭同意，只是他接著說道：「如果有個權威人物告訴我怎麼做，那麼事情就會變得簡單得多。這樣我就只需跟隨他的方向便好。然而自己對自己負責，關注自己內心想要什麼，然後跟著內心走，這可太難了。」

很明顯，丹尼想在我這裡得到的，是一個來自「父親的祝福」。丹尼的父親在五年前去世了，他需要我肯定他正在萌芽的內在權威感。

我對他的掙扎表示理解，我深知要成為一個完整的人，一生都需要在類似的取捨中掙扎。每個人都需要在他的本能衝動和更成熟的心智之間找到和解之法，對年輕人來說尤其如此。獲得這些問題的解決之法，是他們在這個世界上獲得自己的一席之地的關鍵。

我問丹尼是否對成年後的生活有什麼構想，對此他滔滔不絕地講了二十分鐘。接著我要他想一下如果他和工作中那個有魅力的女人發生了什麼，對於他的計畫是否會有不好的影響。他想了一下，然後肯定地回答：會有影響。

用這樣的方式，我協助丹尼使用他自己的「夢想」，去認識到他是否有能力做為一個成年人為自己的將來鋪路，並做出自己的決定。一個成年男人有了可以為之奮鬥的目標，便可提高他傾聽自己的能力。在最後，他可以貼近自己的內在權威，從而在成為一個負責任的成年男人的道路上更清晰：哪些應取，哪些該捨。

這件事說明了對於一個父親或導師而言，展示權威已經不再重要，即使過去他在兒子那裡一直充當權威。事實上，當下更重要的是鼓勵並發掘兒子自身的權威感。只有如此，這個年輕人才有能力掙脫他的父親導師，成為一個相信自身主導力，有能力做決斷的個體。

允許兒子掙脫

有些父親很難接受兒子對其成人生活的規劃和決定。舉個例子，艾塞克在投資銀行界很有建樹，他來找我，談及他對自己二十四歲兒子戴夫的擔憂。在整個大學和研究所期間，戴夫忠誠地跟隨父親的腳步，學習商科，每年暑假都去金融機構實習。所以，當戴夫毫無徵兆地宣布他不想再從商而是想做一名爵士鋼琴家的時候，艾塞克崩潰了，他出奇憤怒。他一遍一遍地跟兒子說：「如果你要堅持你那癲狂的夢想，我不會在經濟上給你任何支持！」「我沒有在問你要錢。」戴夫每次都這樣回答。但每次當他打電話提及自己經濟上的窘境時，艾塞克就無法控制自己。

「我在他這個年紀，」他告訴他的妻子，「我已經在銀行工作了。」

「不，你沒有。」他妻子溫柔地提醒他。在艾塞克剛畢業時，他準備著手寫小說，還搬回了父母家。他晃蕩了兩年，沒有存款，甚至沒有寫出一個章節。事實上，他當時從沒有放棄自己的小說並去找一份真正的工作，直到那年夏天他訂婚。

當艾塞克對我講述這個故事的時候，我建議他把這個故事說給他的兒子聽。起初他有些猶豫，但他同意在我們下一次見面時告訴我事情的進展如何。回憶著過去歲月裡的理想主義小插曲，艾塞克彷佛看到了自己曾經的脆弱，於是他理解了自己的兒子。他不再羞辱並抗拒兒子所做的那個明顯不靠譜的決定。如此一來，兒子戴夫反而意識到父親對他的欣賞，欣賞他那為構建自己獨特的成年人身分所做出的努力，即使這份努力看上去有些離經叛道。

諮詢工作說明艾塞克理解到兒子需要追求自己的夢想。艾塞克可以設定限制，比如他可以拒絕給予戴夫經濟支持，然而他還是要試著去支持兒子的夢想，同時也要承受屬於自己的那份失望和害怕。正如裘蒂絲．維奧斯特所言：「對我們的孩子放手，不再期待他們去完成我們的夢想，這是為人父母的一堂必修課。」[6]也就是說，父親不僅要讓兒子自己確定方向，也要放手讓他們朝著這個方向前行，並最終接受自己的期待和兒子的決定並不總是一致。

這不是父親第一次捨己為兒。當兒子還是個小嬰兒時，父親就需要把自己在妻子世界中主要他者的身分讓給兒子，從而給妻子撫養兒子騰出心理空間。在青春期，父親不得不再次放棄自己高高在上、理想化的英雄形象，只為讓兒子去嘗試新的身分認同，並挖掘出值得自己崇拜和謳歌的其他男性形象。與前兩次不同，這次父親需要看清兒子到底想成為一個什麼樣的人，也就是說他需要接受兒子最終確定下來的新身分認同，以及他自己選擇的生活方式。

父親認同兒子的成年人選擇，就是在創造一個平等的氛圍，讓雙方都能更好地認識到：儘管各自經歷不同，但做為男人我們之間是平等的。這一部分取決於父親能否像艾塞克那樣對兒子坦陳自己年輕時所做過的掙扎、犯過的錯誤以及有過的脆弱。父親若能做到這一點，兒子便不用再為了要當一個表面上的完美男人，而去扛起諸多不切實際，甚至令人窒息的重擔。事實上，透過這樣的親密溝通，父親與兒子都能幫助對方成為更加成熟的男人，這也就為更加成熟的父子關係打開了大門。

在這個發展階段，父與子都學到了與自己相關的重要人生課程。比如，當兒子戴夫和父親艾塞克關係疏遠的時候，戴夫意識到他其實可以耐受父親的失望。在某種意義上，只有當一個年輕人不再透過父母的眼睛看世界的時候，他才可以飽含深情地離開這個家。正如蓋爾．希伊所說：「最終，當我們不再害怕讓父母失望的時候，漫長的青春期才告結束。」[7]

同時，父親不得不承認自己已經老了，他並不完美，還常常容易犯錯。他需要放棄自己對完美父親形象的幻想。每一個父親都執著地認為他正在養育著一個非凡的兒子，這個兒子能成為一個偉大的學者，一個受人尊敬的醫生，一個有錢有勢的商人，甚至是總統。更重要的是，在父親的想像中，兒子的光彩可以反射回自己身上，讓自己熠熠生輝。

然而，在此人生階段，理想敵不過現實，父親不得不接受一個事實：他對兒子人生軌跡的決定性影響已經不復存在。這個年輕人的未來是他自己的，現在他要為他自己負全責了。父親能做的就是衷心祝福兒子在這條路上，已經做好充分的準備去迎接他自己的未來與挑戰。

兒子親密能力的培養

除了解決職業問題，年輕人還有另一個重要的目標，那就是要找到並且保持親密關係。正如艾瑞克森提醒我們的，年輕人的重要衝突是親密與孤獨——他要嘛開始在親密關係中建立自我，要嘛就要承受被孤立的風險。[8]

一對親密的伴侶需要有兩個堅實的自我；**成熟的親密關係**，也需要兩個人對各自的界限有足夠的安全感，這樣才會允許對方進入自己的保護層。只有兩個人在保持自我意識的同時，都渴望變得更加親密，親密關係才會水到渠成。要發展出這種親密能力，男性要能認識到對方的客觀存在，同時承認對方的主觀經驗和自己的一樣重要。這在性關係中可以窺見一斑：年輕男性發現他們需要更多去關注如何讓你我雙方都獲得性滿足，而不是僅僅讓自己愉悅。親密關係既取決於一個人是否有能力做出犧牲和妥協，也取決於他是否允許自己展現脆弱。這對於男人來說很困難，社會大環境會使他們羞於表現出妥協與脆弱，因為這讓他們看起來不夠男人。

如果父親想幫助兒子獲得有意義的親密關係，那麼他本人就需要與包括兒子在內的其他成年人建立類似的關係，以為表率。一個父親若能協助兒子獲得自主性，並欣賞他獨一無二的男子氣概，那麼他就為兒子獲得成年人的親密關係鋪平了道路。

上文所說的戴夫，那位雄心壯志的爵士音樂家，看到了父親艾塞克在各方面都努力地支持著自己的事業：艾塞克會和自己的朋友談論戴夫的天賦和進步，並且去看他在不同俱樂部的演出。隨著戴夫感受到更多的支持，他開始再次將父親視為成熟男人的榜樣——一個可以在衝突和分歧中接納他人，同時也不放棄自我的男人。當戴夫遇到一個他喜歡的女人並且開始認真約會時，他借著自己與父親的關係，也借著他一直以來觀察到的父母關係，收穫了自己的愛情。

父親若不能做為表率，展現出建立親密關係的能力，那麼年輕男性常常就會迴避親密關係。一些缺乏這種父性榜樣的年輕人往往會對親密關係避而遠之，而另一些人則常常透過強迫性尋求新鮮刺激的出軌行為，使自己陷入亂七八糟的偽親密關係中去。如果男人不能與一個伴侶保持真正的親密感，那麼他就很容易在一個唯我獨尊的世界裡體驗到深深的孤獨。

正如班的例子一樣。班是一個二十九歲的電影製片人，他說自己是一個性成癮者，他感到他的身分是由他睡過的女人的數量決定的——他驕傲地告訴我他睡過兩百多個女人。儘管在金錢上他非常成功，但班仍然覺得「迷失」甚至被孤立在他的大豪宅裡，「百無聊賴」地做著他的工作，想像著自己精神錯亂以至孤獨終老。班前來尋求幫助時，我發現在這個狂躁的社交達人外表下，掩藏的其實是一個迷失且悲慘的年輕人。

我得知班和他的父親尼克的關係十分疏遠。尼克是一個花花公子兼酒鬼。班回憶起每個晚上與母親兄弟一起等父親消遣完回家的痛苦，儘管當時班愛著自己的父親，但父親對待母親的方式，每一次都會讓他退縮。很多年過去了，父親尼克外出消遣的時間越來越多，而孩子們已經步入青春期，尼克幾乎很少跟他們兄弟幾個說話，除了那句「你們記住，好好學習，因為你們只能靠自己。」

班上大學後學習非常刻苦，但在閒暇時他會吸食大麻。畢業後，他在洛杉磯一家大型電影工作室得到了一份好工作，他回憶起那段時間他周圍充斥著一堆美女和麻醉品，這讓他「極其興奮」。他無法忍受孤獨，但又不能和女性建立起有意義的親密關係。後來，他開始濫用藥物，四處尋花問柳。一開始，班把治療當作一個擺脫問題和挫折的機會，這樣他就可以更加無所顧忌地去滿足自己的征服欲。就我而言，我承認和他做治療總讓我感到艱難，因為他總是在顯擺，表現得好像在演一齣狂熱的獨白劇。然而後來我意識到，他是多麼需要我做為一個堅定的男人存在他的世界中，因為他自己的男子氣概和男性身分認同都處在一個發展停滯的狀態。

我們堅持了一年時間，在他開始更加信任我之後，我便可以更直接地面質其行為。我試著讓他理解，其實他一直都在其生命中找尋找一位能夠提供現實指導的成年男性，正如他曾經期待一位父親能看到他的傷痛，並給出指導一樣。

如果班是一個青春期的孩子而我是他的父親，那麼我會堅決反對他的這些自毀行為，我會給他設定一個合理的限制，支持他努力地建立起屬於自己的身分認同，並讓他更有愛和親密的能力。這對我們來說都是挑戰，好幾年過去了，我們在治療過程中也經歷了一些危機事件，後來班也開始控制住自己的成癮行為。他也初步具備了自我反思能力，這使得他能夠耐受和我之間更多有意義的對話，而不再是一味自我獨白。從這個意義上來說，精神分析治療和班的成年生活，才剛剛開始。

成年早期的兒子如何影響他的父親

正如我們在之前的每一個發展階段所看到的那樣，兒子總會幫助父親成長，即使此刻兩人都已是成年人。然而有時，父親的成長也伴隨著相當大的痛苦，它要求父親不畏艱難去面質自己。在我的臨床工作中，我常常發現對年長的父親來說，親密關係仍然是一個難題。如果父親認為表達脆弱並非男人所為，那他的兒子便會想方設法打破父親的這層防禦，找到深藏在這個男人內心裡的情感。

舉個例子，保羅的父親是我的病人，我們已經工作了十多次。保羅二十四歲時，女朋友跟他分手，他簡直痛不欲生。女朋友一次次拒絕復合，工作找得也不盡如人意，於是他開始變得孤獨甚至抑鬱。保羅的父母對此毫無覺察，直到警察局來通知說保羅因酒駕發生車禍，現已被捕。收到通知後，保羅的爸爸拉斐爾馬上飛去保釋他那陷入極度屈辱和絕望的兒子。

父子倆在保羅的公寓住了一個禮拜，這比他們過去十年在一起的時間都多。一開始，保羅不想談話，但有天晚上他徹底崩潰了。拉斐爾，一個熱情、看似自信實則佔有欲很強並且非常教條的男人，被自己「軟弱」的兒子嚇到了，他起初也十分生氣，認為兒子是被他的媽媽給寵壞了。但他對兒子的愛與擔心馬上戰勝了憤怒。接著，父親拉斐爾敞開心扉，向兒子承認並分享了他自己的痛苦：「保羅，我想你可能知道，我和你媽媽在婚姻中掙扎了很多年，我們犯了一些錯，這並不容易。但我們都愛你，我們正陪在你身邊。告訴我，你需要我為你做什麼？」

「我只是需要你，爸爸，只是你。」保羅回答。

拉斐爾差點破口而出：「但我一直都在啊！」他想到了所有他們一起去做的事——釣魚旅行，爬山，一起做木工。然而在內心某處，他知道保羅需要什麼，他需要自己卸下防備，給他那些自己從未給出過的東西。

「兒子，我是一個驕傲的男人。」拉斐爾開始說，「也許我讓你感到難以靠近。你想想，其實我讓任何人都難以靠近——你媽媽也一直這樣說我。但看到你身處痛苦，這讓我也很痛苦。我的痛苦？是的，我也有痛苦，我只是很努力地去隔離痛苦，我每晚喝酒，只是不想去面對。我想你現在已經長大了，也許我也該長大，我可以跟你聊聊這些我不願去面對的痛苦了。」

拉斐爾從來沒像那晚一樣敞開過心扉。父子倆聊了幾個小時，他們流淚擁抱，分享著對對方的失望和對自己的失望。最後他們都如釋重負。看到兒子是如此希望自己真誠以待，拉斐爾也開始接受自己所有的侷限和天賦、缺陷和才能、弱點和力量。父子之間的那扇門這次被徹底打開，再也不緊閉起來了。

正如拉斐爾在後來的十幾次治療中告訴我的那樣，對他來說，那扇門是第一次向他打開。他向兒子保羅毫無保留地展示了自己，保羅不但沒有拒絕他，反而擁抱了他，他意識到兒子正在給自己一個機會，讓他擺脱那不斷被自己強化的孤獨，也讓他逃出那個一直自我封閉、自行運轉的孤寂世界。很快回到家後，拉斐爾走向他的妻子海倫並告訴她，他準備好了一起去接受伴侶治療——這是海倫多年來的期待。

拉斐爾和海倫開始在他們的治療中爭吵和哭泣，他們花了很長的時間才學會停止叫喊，學會傾聽對方。漸漸地，拉斐爾酒喝少了，健康狀況也在緩慢改善，這是改變他婚姻狀況至關重要的第一步。世上無捷徑，數十年來第一次，拉斐爾和妻子的關係有了枯木逢春般的改善。拉斐爾感到自己終於能走出痛苦的泥沼，帶著某種力量感和目標感前行了。

兒子能夠治癒父親的傷痛，這是一個古老的主題。在聖杯神話裡，一個騎士之子的德行拯救了漁王，重建了他日薄西山的王國。作家及詩人菲爾．庫西諾（Phil Cousineau）用現代視角闡釋了這個超越父親的死亡的古老主題：

致我自己的，以及所有沒有見過巴黎的父親
一位朋友
他傾聽著，揭開著，觸碰著
自己敞開的傷口
從中找到一枚金彈片
把它兌換成機票

然後帶著自己的父親到塞納河左岸
於是這療癒之途
就此開啟[9]

看見父親

山姆．奧謝爾松曾經寫過「一個男人給自己的父親正名，清楚地看到自己的父親，接受父親過去和現在的樣子，這比他自己的成長，比成為一個孩子的父親，成為一個妻子的丈夫，成為一個年輕人的導師更加困難」。[10]也就是說，對很多二十多歲的男性來說，如果他們不能看到現實中父親真正的樣子，不能像接受他的力量一樣去接受他的脆弱和不足，那麼他們的成人禮便無法完成。

而且，兒子「尋找」父親的過程往往具有啟示性：年輕人想方設法地建立與其父不同的、獨屬於自己的身分認同感，但最終還是不可避免地發現，他們發展出的特質仍與其父相似。很多男性在他們成年後甚至會驚訝地發現：自己的行為與他們父親年輕時如出一轍。

有機會去理解自己的父親並與之和解，是人生莫大的福氣。然而可悲的是，父子間相互的看見與和解並不總是一帆風順的。如果一個父親缺席甚至遺棄了他的兒子，那麼父子間巨大的鴻溝和遙遠的距離會使得關係無以修復。還有些時候，父親無法在場是因為他們自己的情緒不穩定，又或者是因為疾病和死亡。然而事實上，我們會看到，有些和解是可以超越墳墓的。

葛列格二十五歲開始在我這裡做治療。他對自己事業和親密關係都備感挫敗，他覺得自己不夠好，也對自己「一無是處」的生活感到羞愧。他既孤獨又低落，而看到自己父親的崩潰和失敗時，更是如芒在背。

我理解做為一個年輕人，葛列格非常需要與他的父親和解，從而讓自己的生活繼續前進。儘管他知道自己與父親完全不同，但他似乎受困於過去以至於動彈不得。我想這是否因為他在用看待父親的方式來看待自己。然而在我們最初的工作中，我相信他並不會理解這個詮釋的意義。但我還是告訴他，談論他與父親的關係或許會有幫助，我們可以試著更深入地理解父親是一個什麼樣的人。於是葛列格開始思忖，父親羅恩在二十五歲的時候內心狀態到底怎樣。葛列格很悲傷地說，羅恩當年參加越戰時只有二十歲，三年後退役時便感到崩潰和幻滅。羅恩二十四歲的時候，兒子葛列格出生了。而羅恩對葛列格母子既無法投入情感，也沒法照顧。隨著時間的推移，羅恩開始酗酒，他常常跟妻子還有工作夥伴激烈地爭吵，他還會定期離家與老哥兒們一起喝個爛醉，最後不得不在退伍軍人醫院被強制要求住院，接受憂鬱症和物質濫用的治療。

當葛列格十七歲上高中的時候，羅恩因酗酒死於肝臟疾病。可以想像，葛列格對他父親的記憶絕大部分是消極的：他回憶起羅恩當年在電視機前獨自喝悶酒，跑到車庫裡去抽大麻，在家裡亂發脾氣，把自己的工作和經濟狀況搞得一團糟，還經常得去住院。

我理解葛列格，但與此同時，他對父親完全沒有同理心這一點也讓我感到震驚。治療開始數月以後，我意識到葛列格開始逐漸信任我，於是我提到了他對父親的漠不關心。對此他似乎有些退縮，但當我問他是不是對父親還有其他記憶時，葛列格告訴我有段時間父親羅恩曾在他效力的少年美式足球隊執教，還帶他去獵過鵪鶉，甚至跟他談過自己的戰爭經歷以及對美國政治的感受。這還只是葛列格有意識的記憶，我相信他與父親潛意識的連結遠比他允許自己意識到的更多。

如今，葛列格辛苦地在生活中找尋著自己的一席之地，這喚醒了更多關於父親的記憶，無論好壞。他現在願意去想像父親所經歷的一切：小鎮上一個安靜但聰明的孩子，剛讀到大二就被徵召到一個自己無法理解的戰場上廝殺，之後憤世嫉俗地返回家鄉，發現唯有酒精和大麻才能緩解自己的傷痛。想像著父親曾經的孤獨和絕望，葛列格第一次對父親心生悲憫。

「我真希望現在能跟他說上話，」葛列格啜泣道，「我想要告訴他我總算能理解他所經歷的一切了，因為一直以來我也迷失了自己。我希望他現在可以在這裡指引我，告訴我我混得不錯了。起碼我還能坐在這兒跟我的治療師聊天，跟他一起去尋找我是誰，我還擁有健康、我的朋友、我的未來。如果可以，我希望自己也能幫到當時的他。」

最後，葛列格開始意識到他可以幫助自己的父親，即使只是在精神上。「我要找到我自己，」葛列格告訴我，「我要背負他的名字去走一段讓他驕傲的路。這樣，我既可以救贖我自己，也可以救贖他。」

在接下來的幾個月裡，葛列格覺得有必要解開父親留下的謎團，在治療室內外去探尋父親的生活。他找到了父親的親戚和朋友，盡可能多地獲取與父親相關的資訊。在努力去拼湊一個更完整、更準確的父親形象的同時，葛列格也更好地瞭解了自己。

很快他開始談論自己內在世界發生的變化，我有幸見證了其中的一個：很明顯他對自己更有耐心，也更加鎮定。他說：「我感到爸爸在用另一種方式陪伴著我，他不再是我記憶裡那個潦倒落魄、喝酒喝到斷片的酒鬼。他越來越年輕，他擁有希望和活力。我知道他一定有過，他失落過，但試圖再次尋找過，最終他還是失敗了。」隨著內在和解的不斷發生，我也見證了葛列格的日漸成熟。不到一年的時間，他就找到了一個自己喜愛的工作。若干年後，我得知他已找到心中所愛，即將步入婚姻的殿堂。

＊

像葛列格這樣的年輕人，不能由父親手把手地領入成人世界，卻會被強烈的潛意識需要，驅動著去發掘和瞭解自己的父親，以便更好地瞭解自己。他們內心所持的父親形象可能令人費解，又或者過於片面（無論是過於消極還是過於積極）。然而不管父親形象具體怎樣，它都是這個年輕人塑造自我形象時，要用到的重要內在資源。因此，要想獲得成熟以及獨屬於自己的男子氣概，年輕人需要更好地理解自己的父親。「為父正名」這一過程可以讓兒子找到自己的位置，不再無意識地只求成為自己的父親，又或者只求成為父親的反面。對於父親缺席或父親參與度不夠的年輕人來說，「為父正名」這個過程會使他獲得與現在或過去的父親和解的機會——這種和解，乃是其情感成熟之關鍵。

對父親而言，他需要正視自己的失敗，因為他未能參與到兒子的發展中去。反之，另一些父親因為深度認同兒子在成年期對自主自立的堅定追求，所以他們可以將男性「英雄主義」的衣缽傳給兒子。再者，如果一個父親鼓勵兒子以其獨一無二的方式，充滿激情地追尋自己的事業，那麼這個兒子對自己所投身的事業將會更加堅定不移。

雖然比我們上兩代人要花費更多的時間，但當今的男人在經歷他們「動蕩的二十歲」後，最終會成家立業，繼續追尋獨屬於自己的人生。而接下來重要的一步——成為父親——既將豐富他們自己，也將豐富他們做為父親的人生。在接下來的旅程裡，父子二人將攜手走進一個嶄新的階段。

第 8 章

成年中期：男人對男人

第8章 成年中期：男人對男人

在父親幫助兒子的歲月中，兩人皆笑；
在兒子幫助父親的歲月中，兩人皆哭。

——猶太諺語[1]

我的朋友西蒙曾經跟我講過他自己的「轉大人瞬間」。西蒙的兒子米契爾剛出生六天，就因為一種奇怪的感染而不得不重返醫院。當時西蒙和自己的妻子正在焦急萬分地等待檢查結果，這結果將決定小米契爾是不是需要大換血。在等候結果的過程中，西蒙抽空給住在附近的父母打了個電話，心裡想著也許爸媽可以給點安慰或者建議什麼的。

「血液感染？」西蒙的父親在電話那頭嚇了一跳，「這麼小的寶寶怎麼會搞出個血液感染？」西蒙的媽媽同樣也被搞昏了頭，她甚至建議西蒙讓寶寶趕快從當時那家一流的醫院出院——要西蒙趕緊把寶寶送到他自己小時候的兒科醫生那裡去。

「在那一瞬間，」西蒙回憶道，「我意識到我自己的父母完全回答不了我的問題，他們懂得比我還少，也根本不知道該怎麼應付那場危機。所以我當時明白了：現在只剩下我和我老婆，無論接下來的決策多重大，都只剩下我們自己，為自己的決定負責。」

並非每個男人都會以這種戲劇性的方式變成熟，但是大多數的男人，都會在三十多歲的時候覺得自己最終「長大了」。根據丹尼爾．萊文森（Daniel Levinson）的說法，男人在「三十歲轉變期」（age thirty transition），或者說大致在二十八到三十三歲之間，他們經常會意識到自己二十歲左右的成年第一階段，或者說成年人準備期已經結束了——自己已不再是個二愣子，而是一個「完全靠自己的人」。[2]從此時起，為了獲取成功，他們要更清晰地發出自己的聲音，並且要樹立起更加堅實的權威。隨著自己和父母心理分化的全部完成，人生也就完全靠自己「自負盈虧」：是時候在工作中展現真正的技術了，是時候讓自己和自己的家庭在這個社會中立起來了。

在之前的階段，父子兩人的發展目標經常是相反的，但是現階段他們經常會發現彼此的目標是平行的，兩人的共同點很多。他們都投身於一項或多或少利他的事業中。兩人都為了促成自己孩子的夢想和野心，放下了自己的一部分英雄夢想。如果說年輕的父親此時正聚焦於跟自己的寶寶們建立關係，那麼年老的父親在此階段則正在生成一種所謂的「傳承」（generativity）。「傳承」一詞為艾瑞克·艾瑞克森所創，它指的是一個人試圖影響後人的欲望：無論你是自己生養孩子，還是做致力於讓自己身後留名的事業，每個人都想為後人留下一份影響深遠的遺產。[3]具備傳承觀的老人，不會再活在自己已逝的青春歲月裡，他們會認為讓後輩成為更完整之人，才是自己利益的真正所在。通過培育後人，他們自身的死亡焦慮也得以緩解。

父子彼此造就對方成熟的男子氣概

隨著年齡漸長，男人會越來越不在意自己是不是一個被社會所界定的「真男人」，而男子氣概的核心特質（成就需要）在此階段亦會消減。一旦男人不再執著於文化範疇中男性化和女性化的刻板區分，他們身上的滋養和柔軟的特性就會更自由地生長。步入老年的男人，經常會開始彌合植根於自己心靈中的兩極性，不但其內心中男性化和女性化的二分法會被消弭，其創造性和破壞性、依附和分離等兩極性對立的情況也會有所緩和。老人的兒子，則經常會幫助父親做到這些。

我的個案亞瑟三十九歲，是一個進取心十足的大公司管理高層，他找我做心理治療，按照他自己的說法只是婚姻裡「出了點小問題」。但是在跟他工作的前幾個月裡，我根本找不到他的「問題」在哪裡，因為他總是表現得不需要任何人，尤其是我。但在治療開始後的第四個月，亞瑟的父親艾弗瑞特突發心臟病，差一點沒搶救過來。做了心臟繞道手術以後，六十六歲的艾弗瑞特選擇從自己工作了四十年的出版社退了下來。

一直以來，亞瑟都把父親視為男性力量的極致代表，但是現在他既擔心艾弗瑞特的心理狀態，又擔心他的身體健康。他告訴我，雖然艾弗瑞特術後身體恢復不錯，但這次心臟病發作好像給他帶來了心理創傷。「我覺得自己現在什麼決定都做不了，」艾弗瑞特向兒子承認道，「沒有你媽陪著，我什麼事都不敢做。」

雖然亞瑟想要支持自己的父親，但父親的恐懼還是讓他感到痛苦。「他變成了個軟腳蝦，」亞瑟告訴我，「他這個樣子我真看不下去。」在接下來的多次會談中，我鼓勵亞瑟去探索父親的脆弱對他自己而言意味著什麼，而他也終於開始直視自己的焦慮。他告訴我：他害怕父親死去，也害怕自己會出事，另外，他還擔心自己會變得像父親一樣過於依賴自己的妻子。

在接下來的幾個月裡，我們開始探索他所謂的「隱藏的自我」。「我和我爸其實都把自己脆弱的那部分深埋在無懈可擊的職業人格之下，這樣就沒人會發現我們真實的恐懼了。」亞瑟在一次重要的領悟中說道，「其實我們父子倆都太害怕了，以至於誰都不敢承認自己需要妻子或者其他人的支持。」

亞瑟既然可以把自己看得更清楚，那麼他也就可以逐漸看到一個更微妙而複雜的父親，這種看見反過頭來又使得他對父親更加寬容。亞瑟在潛意識裡需要一個不可戰勝的父親，那麼做為他的兒子，自己也就不會有什麼焦慮，不會受限了。現在亞瑟的這種潛意識需要正在減弱，他越來越接納父親需要被支援和扶助的那一面，因為這也可以為自己表達脆弱正名。於是在艾弗瑞特的身體恢復期間，亞瑟變得可以更為頻繁地去探望，兩人甚至還直接談論彼此的脆弱情緒。

因為亞瑟有了這樣的洞察和態度轉變，艾弗瑞特相應地也就更接納自己的變化。父子兩人都放下了過去對於男子氣概的執念，允許自己在依靠自己和依靠他人之間進行靈活的選擇。艾弗瑞特對自己的身體狀況更為接納了，他也在積極尋找與疾病共存的、建設性的生活方式。亞瑟之所以最終能幫助自己的父親，是因為他接受了自己也需要幫助這個事實——他不是正接受著做為心理治療師的我所提供的幫助嗎？

更多相互成長的機會

父子關係最重要的變化，經常發生在兒子自己當父親以後。我們知道很多老人都想抱孫子，然而無論是計畫內還是驚喜，抱孫子的快樂和暮年將至的體驗總歸是如影隨形。儘管如此，精神分析學家史坦利・凱斯（Stanley Cath）依然提醒我們：成為祖輩，可讓男人的死亡焦慮大大降低；同時也可幫男人在一定程度上解決他和自己孩子先前就已存在的問題。[4]

年老的父親和年輕的父親都會與孩子互動，這種交叉互動能讓兩位父親看到很多之前就阻隔在兩人之間的棘手問題，甚至是代間傳遞下來的問題。所以我們說，孩子的出生及成長，為父親和爺爺之間的關係修復創造了機會。比如，兒子會看不慣爺爺過分輕易地接納孫子各種興趣和行為，他會想：我小時候他可沒這麼大方！對爺爺而言，當他看到自己兒子在履行為人父的職責時，他對這個新父親的觀感也會發生變化。對於很多男性而言，為人祖父代表著人生最後一次建立溫和，甚至是「理想化」長輩形象的機會。過了這村，可能就沒這店了。

我最近與一對父子進行諮商，父親老羅和他三十五歲的兒子艾瑞克。兩人想經由諮商解決一些長期存在，且仍在惡化的父子矛盾。儘管有矛盾，但我仍發現兩人的連結其實很深，而且彼此都想要和解。幾次諮商過後，他們描述了發生在一週前的某次爭吵：艾瑞克在家裡給自己的兒子梅森和老羅做了晚餐。晚餐後，艾瑞克讓梅森洗碗，但是九歲的小梅森卻說不想洗。艾瑞克一下子就火了，他帶著輕蔑的態度對梅森大聲說道：「我跟你說過多少遍了，你在這個家裡是有自己的責任的！但你這孩子真是太懶了，你現在麻煩大了我跟你說！」

話剛說出口，艾瑞克就後悔了。他明白自己的語氣很差，而且兒子梅森對他懲戒性的語言從來都不買帳。然而就在一瞬間，他意識到自己的語氣像極了自己的父親老羅——這讓他感覺更糟。在艾瑞克小時候，老羅總是這麼訓他，這讓艾瑞克一直憤恨不已。艾瑞克發現了這一點，他沒有逃避：儘管他極其厭惡父親身上的某些特質，但自己還是認同並內化了這些特質。這一發現成為艾瑞克成熟的標誌。

因為如果一個男人，始終不願去面對這種父子之間不良特質的代間傳遞，總是假裝自己和父親或父親身上讓人不舒服的那一面完全沒瓜葛，那麼這個男人就不得不一味掩藏或否定這些實際存在的特質，即使讓自己付出沉重的代價，即使傷害自己所愛之人也在所不惜。這樣的男人可能會把自己框住，也經常會因自己的問題責備他人，同時為了繼續對那些討厭的特質視而不見，他們會一直選擇逃避責任。

小梅森衝出了房間。就在這時，老羅蹦出一句：「你對他太嚴厲了，艾瑞克，他才九歲啊。」聽到這句話，艾瑞克的怒火一下又上來了，他心想：要知道我九歲大的時候，你對我可沒這麼慈愛，實際上，那時候你可是個異常嚴厲且沒有耐心的爸爸。艾瑞克想到了自己在成長過程中不得不背負的責任和限制，一想到這些，他就恨得牙癢癢：現在倒好，你輕輕鬆鬆就原諒了孫子的懶惰，年輕時候你對我怎麼就那麼不寬容呢？

艾瑞克在會談中對我和老羅和盤托出了當時的內心體驗，說完之後，他陷入了沉思之中。接著，借助自己在諮商中獲得的諸多領悟，艾瑞克終於意識到：老羅之所以能在孫子面前呈現出「最好的一面」，恰恰是因為梅森不是他兒子！老羅無須為梅森負責，無須給梅森立規矩，無須給他灌輸什麼道德感，也無須塑造其品格。因為沒有了這些身為人父的責任和義務，所以老羅可以沒有顧忌地對孫子展現自己的慈愛、縱容、慷慨、溫和、耐心和投入。艾瑞克還知道，有些爺爺和外公非常積極地養育自己的孫輩，恰恰是為了彌補自己年輕時做父親的過失。老羅可能沒有像那些人那麼積極，但是他內心裡可能也想透過捍衛孫子，來糾正自己年輕時帶兒子所犯的過錯。

在會談中，艾瑞克告訴老羅，覺察到上面這些內容以後，他內心的憤恨還停留了幾分鐘，但是接下來這些憤恨就轉化為某種同理心：艾瑞克可以想像老羅曾經在養育自己的過程中所產生的挫敗感。他告訴老羅：「爸爸，我現在對你充滿了理解，這是以前沒有過的。我突然很想為自己曾經對你造成的那些傷害道歉。我也知道，有些傷害到現在為止仍讓你感到刺痛。」

山姆・奧謝爾松認為，祖－父－孫三代之間的互動，會啟動中間這個父親身上的「父親傷痛」（father wound）——這是一種內化的、未被解決的父子衝突，這種衝突會被兒子感知為一種古老而持續的內在創傷。在我們的例子中，因為艾瑞克的日益成熟，他可以利用我們的諮商建設性地修復自己和父親老羅的關係，進而撫平這種傷痛——透過同理同為養育者的父親，而不是一味地批判和疏遠，他獲得了內在的療癒。

老羅呢？他同樣也記得這次爭吵，而且他也認為我們能夠面對和談論這個事件，意義十分重大。老羅說他之前從未見過艾瑞克如此生氣，對梅森如此嚴厲。他告訴艾瑞克自己當時真想說幾句報復性的話，比如「你現在知道我過去的遭遇了吧，你現在知道生個兒子他卻不尊重你的感受了吧」。值得稱讚的是，老羅當時沒把話說出口。他在會談中告訴艾瑞克，自己年輕時對艾瑞克只會更嚴厲，這讓他一直以來也懊悔不已，但是現在自己也基本上接受了這個部分。他和兒子都不是完美的父親，但這並不妨礙兩人今時今日相互尊重。

老羅和艾瑞克兩人基本上都認為：「夠好的父親」絕非從不犯錯的父親，而是像我在第七章中所說的那樣，是一個承認自己有侷限和失敗，從而放手讓兒子去追尋屬於自己的人生的父親。老羅和艾瑞克是幸運的，他們的生活有交集，這讓他們得以肩並肩地成長，肩並肩地深化自己對人生體驗的理解。

老羅是幸運的，他的兒子艾瑞克選擇和他在生活中保持交集。很多年老的父親並沒有這麼幸運，他們常常會感到被自己充分分化的兒子所拋棄。我想指出的是：一個足夠好的父親，是不會強求兒子需要或者依賴自己，從而確認自己的價值的。父親越接受這一點，越有可能幫助兒子發展出其獨特的做父親的能力，這也是在允許兒子做為一個成年人繼續成長。放手，是一種屬於父親的大愛，它反映出一個父親成熟的同理能力；它反映出一個父親無須以犧牲兒子的進一步個體化為代價，來滿足自己的自戀需要。

更重要的是，如果一個年老的父親，接納做為一個成熟的男性個體的兒子與自己進一步分化，那麼這位老父親將獲得難能可貴的機會，去追尋自己年輕時代時因為要在社會上立足、要照顧自己的家庭而擱置的那些生命可能性。

值得一提的是，如若沒有孫子輩的催化作用，這種父子間的相互看見與幫助依然可行。養育孩子只是表達傳承最直接的途徑。很多男性因為各種原因決定不做父親，但他們也可以找到其他方法延續傳承。他們可以在工作中充當導師、教練以及顧問的角色；又或者可以選擇投身於助人的事業，如社工和教育者，等等。實際上，這個生命階段的發展任務並不意味著一定要兒孫滿堂才能實現。如果一個男人願意付出自己的時間和精力來滋養新一代；願意在一定程度上放下以自我為中心的自戀需要，在真正意義上去支持年輕一代走上舞臺中心，支持他們獲取人生的自主性，那麼這個男人就是在傳承。

一個男人在自己的老年，會想為自己的生命尋獲意義，為自己的老年生活找到某種完整感。

所以他會尤其珍視那些能夠影響後世的東西。以此視之，現實的不朽感並不單單寄託在血緣和家庭的延續之上。相形之下，它更寄寓我們的得以影響後代的那些行為與作品之上。一個男人會通過自己的創造、傳授以及贈予來影響後世。艾瑞克森及其同事把這種晚年產生的關懷和滋養稱為「大傳承」（grand generativity）。[5]很顯然，大傳承並不單指培育孫輩，它指的是一種為後世著想的廣義的傳授行為，這種行為致力於造福於今日之年輕人，未來之年輕人，以至於幫助延續這個承載無數生命的世界。

調和彼此間的差異

如若父子兩人可以一道走向成熟，那麼他們之間的關係，甚至他們之間的矛盾都會大為改善。其表現是：父子兩人不再把對方的不同視為一種威脅或危險，又或者是一種表明對方比自己強大的證據；既然對人對事有不同意見，那麼把這些不同拿出來當個話題談就好了。於是，你會發現父子倆的對話過程有時依然會很激烈，但憤怒、責備和防禦卻已不再是其中的主旋律。

布雷克是一位四十一歲的男性，他對人親切友好，樂於社交，他因自己兒子的問題前來諮商。六十九歲的鮑勃是布雷克的父親，他為人安靜內向，還有些羞澀。兩人這些年下來因為性格上的差異不知鬧過多少矛盾：鮑勃對兒子布雷克在青春期注重社交而不重視成績的行為感到很不滿；布雷克二十四歲結婚，鮑勃對此也不認同；再後來布雷克和妻子分居了一段時間，這又讓鮑勃感到不高興。

但是現如今布雷克已步入中年，既為人夫亦為人父，做為一位建築師他也是事業有成，而老父親鮑勃則正在邁入老年，還在為退休做準備。讓父子倆頗感驚訝的是，在過去幾年裡，兩人似乎可以在一種新的氛圍中討論各自不同的觀點了。這聽上去有些荒謬，但是兩人的確都在朝著對方的方向進行改變——布雷克想要去除自己身上的孩子氣，成為一個更加成熟的男人，而鮑勃呢，也許是人生中第一次想放下自己的「成熟」，讓自己變得更自發、更幽默。於是布雷克發現自己和老父親鮑勃，現在都開始重視對方身上那些之前讓自己瞧不起的特質。更重要的是，布雷克和鮑勃兩人都對這段父子關係更有信心了，而且他們看上去也不憚於表達這份信心。

在父子倆最近的一次交談中，布雷克向父親鮑勃承認，他其實一直以來都認為鮑勃覺得自己既膚淺又不聰明，而鮑勃也承認，他一直認為布雷克把自己看得既無趣又無聊，還很遲鈍。然後他們前所未有地戲謔起過去的爭執來，並且承認了其實誰都欣賞甚至嫉妒對方身上自己沒有的優點。沒有誰是大反派，這只是兩個成熟的男人，在更加接納了自己和對方不同的基礎上達成了和解。布雷克告訴我，鮑勃跟他說的這句話對他來說至關重要：「兒子，我這輩子要能再來一次，我還是會選和你不一樣的活法，但這再次說明我倆是不同類型的人。不過我尊重你，你要知道，你做到了一些我這輩子連想都不敢想的事情。」

但是意義深遠的和解並非總能隨著父子倆的彼此成熟，而如此輕鬆自然地達成。實際上很多兒子只能在內心與其父完成和解，也就是說在他們的心智抑或心靈之中，一人獨自完成——因為他們的父親不是無法溝通，就是已經故去。在這些情況下，兒子需要哀悼那個自己一直以來渴求的理想化父親，並回過頭來理解和接納那個他真實擁有過的父親。

舉個例子。四十一歲的阿尼是兩個孩子的父親，他與我開啟治療時頗感抑鬱。在阿尼充滿傷感和失落的童年時代，他擁有一個離自己很遠的父親。阿尼在治療早期就經常說自己會夢到已逝的父親。父親山姆曾是波士頓一家肉店的老闆，他為人沉默寡言，不辭勞苦地工作。但因為太累，或生意太忙，他每天回到家後幾乎就沒有任何存在感了，於是家庭的大小事務幾乎完全由老婆來打理。阿尼在治療中時常抱怨父親不參與家庭生活，並對他的缺席備感痛苦。但是，只有在談起自己和父親聊波士頓紅襪棒球隊的回憶時，阿尼才會停止抱怨。這些父子間的談話雖說簡短，但對兒時的阿尼而言卻很有意義。

在一次會談當中，阿尼描述了一個夢境：他夢到在最近舉行的猶太受戒禮上，兒子披著爺爺山姆曾經用過的祈禱披巾，阿尼為此感到很高興。他接著向集會的人群望去，驚訝地發現父親山姆正戴著紅襪隊的隊帽而非圓頂小帽，驕傲地端坐在來賓中間。雖然自己從未被父親這樣注視過，但阿尼在夢中分明看到山姆正在以一種極讚賞的目光注視著自己的孫子。他醒了，感到十分困惑，但似乎又體驗到了一種奇怪的平靜。

我開始和阿尼一起梳理夢境的意義，在此過程中他才意識到：原來自己是多麼希望山姆可以瞭解他的孫子，並做為爺爺參與到他的生活中來（兒子兩歲大的時候山姆去世）。有生以來第一次，阿尼開始更為完整地哀悼自己已逝的父親。

這次會談過後，我們之間談話的基調有了轉變。在接下來幾個月的時間裡，阿尼越來越少抱怨他本可從父親生前那裡獲得的更多東西；相反，他開始想像，如果父親還活著，那麼他本可以怎麼去理解他，本可以怎麼去給予他東西而非向他索取。

阿尼當時還沒有意識到，自己的內心正處在與死去的父親山姆的和解過程之中。而且這一過程在數年後，也就是二〇〇四年紅襪隊奪冠的那一年達到了頂峰。紅襪隊奪冠後不久，阿尼在山姆離世後第一次去掃墓。他把一頂嶄新的紅襪隊的隊帽放在父親的墓碑前——這是一個很好的致敬，也是一聲親切的告別，更是一個把對父親過往的控訴放下的、感人至深的瞬間。

應對失落

父子關係進入到這個階段，固然有很多驚喜，但現實是：兩個男人都要面對與失落相關的議題。成年且成熟的兒子需要面對一個已不再強大、不再有力量的父親，而年老的父親也需要面對一個不再稚嫩的兒子。

一旦接納了兒子的成年且成熟，父親將會開始體驗到一種心理上的「空巢」狀態。兒子先前二十幾歲，仍在找尋在這世上立足的方法，那時父親還可以感到自己做為一個保護者兼嚮導的重要性和價值。今時今日，兒子已經通過建立自己的家庭，通過在工作和職業生涯中的成就獲得了進一步的分化，面對這種情況，父親則常會感到自己的價值大不如前。

一般情況下，母親會比父親先經歷這種「空巢」現象。之前兒子的每一次重要個體化進程（學步期、青春期、成年早期）他都會持續地與母親分化，並轉向父親以求指導。所以母親是常常要面對失落感的，而父親因為在這些階段認同兒子的分化需要，他反而有機會與兒子找到新的親密連結。但是最終兒子將轉變為成熟的個體，組建自己的家庭。如此一來，父親的失落感也會隨之到來——他會發現自己和妻子一樣，儼然成了個「失業家長」。

許多漸老的父親，在此階段會糾結於這樣一個情況，那就是兒子不但已和自己平起平坐，有時甚至在很多方面還勝過了自己，這會讓自己產生一種被取代的感覺。做為一個正體驗到身體機能衰退的年老父親，他甚至可能透過挑剔、打壓兒子來重新找回掌控感。另一些父親則可能會選擇黯然退場。

然而，一個心智成熟的老父親，會設法耐受且涵容自身包括失落、被排斥感、嫉羨在內的諸多負面情緒。無論自身如何艱難，他們都會嘗試著支援兒子的個體化進程，而非打壓。要做到這一點，老父親通常需要找到新的途徑來確認自己的價值，而不是再一味透過讓兒子依靠自己，來提振自己的自尊心。實際上，一位父親應有如此的境界和覺悟：兒子現在地位與自己平等，且不再強烈地依靠自己過活——這才表明自己是一個真正成功的父親。

另一方面，兒子在此階段也會開始認識到父親無法再保護自己，並為自己提供所謂的安全感。本章開頭，西蒙在自己的新生兒寶寶得重病，他向父母求助的那一刻就獲得了這種覺察。實際上一種更為嚴酷的辨察還在前頭等著他。發展精神醫學家羅傑・古爾德（Roger Gould）提醒我們：大多數男人在三十多歲的階段會體驗到一種「幻覺」的消失，也就是「絕對安全感」的喪失。[6]這種幻覺曾幫助男性邁入成年期，而現在他們會意識到：不但爸爸無法保護自己，而且在這世上，也不存在一種絕對的保護。

所以無論是父還是子，在此階段基本上都要面對自己「存在的脆弱」（existential vulnerability），也就是生活本身的無常和不確定性。那些曾給他們提供過安全感的東西（工作、成就、物質財產、家庭、友誼）都會呈現出某種變動不居的無常感。這並不是說它們不重要，只是說它們在衰老、疾病、死亡面前提供不了終極的安全感。

找到面對死亡的態度，是中年生活的核心議題。它同樣也是正在成熟的兒子和正在老去的父親之間的餘生中重要的情感連接點之一。死是生之必然，對此必然之接納將無可避免地帶來另一個極重要的認識：因為生命可貴，所以我們有責任在此可貴的生命中，讓自己的每一天都過得有意義。對於正在步入成熟的人而言，最不能忍受的就是「荒廢生命」。如此一來我們便不難理解：為什麼像卡繆、沙特、齊克果、卡夫卡這些偉大的哲人和作家，會在邁入中年的關鍵發展階段找到並闡明人類的「存在危機」（existential crisis）現象，而他們自己也在此階段透過轉危為機，完成了各自最具突破性的作品。

於是，正在成熟的兒子和正在老去的父親其實正處在兩個平行的過程之中，他們都需要哀悼某種人生幻覺的逝去，也都需要接納自己、自己所愛之人，以及生活現實的侷限性。當然，任何一方在面對這些人生議題的過程中所獲的體驗和智慧，都可惠及另一方。父可助子，子可益父。人生如白駒過隙，父子二人在分享此種理解和感悟之時，就是在為對方坦然面對其生命的不確定性，提供理解和慰藉。

這種男人對男人的對話，在此階段會有新的意義萌生。幾年前，我碰巧聽到了鄰居米奇和他的父親阿爾弗雷德在自家後院烤肉時的對話。米奇跟他父親說：「你知道嗎？當我還是青少年的時候，我當時覺得什麼也不懂。現在回過頭看看，我覺得隨著自己的年齡變大，你好像也變得越來越聰明。」阿爾弗雷德笑了，他回應道：「我記得我也是這麼想自己老爸的。」米奇有些傷感地笑了，他接著說：「我以前總覺得，只要我的生活能變成今天這個樣子」——他指的是自家西班牙式大宅，超大的後院，為孩子們安裝的鞦韆——「我就不會再有什麼煩惱了。」

「煩惱總會有的。」阿爾弗雷德說道。米奇似乎想把談話深入下去，也許他想知道父親對他自己現在所處的生命階段的觀感如何。

「難道只有煩惱？」米奇問道。

「兒子，我知道你想問什麼，我真希望自己知道答案。」阿爾弗雷德回答道。

父親傳遞出的不確定性，讓米奇有點小震撼，但他同時也感到放鬆，因為不只是自己對生活感到不確定，他的父親也在面對未知和不確定。注意到我在聽他們的對話，米奇走來過告訴我，起碼他現在和自己老爸在同一條船上，兩人終於可以談論這些人生話題了。既然有了第一次，他就期待會有更多次。

男人的中年轉折

男人的成熟期，一直被視為一個豐富多彩的階段，所有那些動人的和解以及深刻的領悟都可能發生在此階段，生活也常常給你帶來意想不到的挑戰和獎勵。男人的成熟通常會在「中年轉折」（midlife transition）階段達到頂峰。但如果中年轉折處理不當，其後則會轉變為「中年危機」。

中年危機這個詞我們並不陌生，其表現形式五花八門：為自己買一輛新的紅色跑車；和老婆離婚再娶一個年輕的女人，好像熬了許多年後給自己一個獎賞一般；不顧後果地搞戶外冒險，結果受傷——所有這些驚人的行為，早就成了大眾文化對男人中年危機的刻板印象。

然而平心而論，一個男人所面臨的中年挑戰其實並不好笑。突然感知到自己已不再「年輕」，且再也回不去的感覺並不好笑；人到中年，重新追問自己此生所求為何的無意義感並不好笑；對生命有限性亦即死亡的體察，及其所生出的要趕快行動的急迫感，也不好笑。

不到中年，你很難體會到「花有重開日，人無再少年」的感覺。此時的男人已然可以窺見那個年老的自己，而內心中卻依然攜帶著自己年輕時的記憶。於是他對時光流逝有了新的認知，死亡於己也有了切身的意義，餘下的生命時光有限，而「我究竟還要完成什麼」的疑問撲面而來。

對大多數男人而言，到了四十五歲，**身體機能**下滑已是再明顯不過的事情了，死亡也不再像之前那樣僅是一個抽象的概念了，它好像成了一個在生活中、意識中經常會浮現的，標定著我最終去處的夥伴。由此生出的一股急迫感，加上工作當中出現的「高原期」，再加上自己和父母之間照顧和被照顧的角色顛倒，此三者標定了中年期無可爭辯的到來。先前為了證明自己陽剛之氣所付出的諸般努力，於此將減弱；先前為了適應成年早期的激烈競爭而累加的自負，於此亦將放鬆。而我們的缺點，也將變得明顯。

男人在中年轉折期要直面自己的死亡意識，以及與之緊緊相連的死亡焦慮——在理想情況下，這種直面的態度將會使男性的自我中心意識進一步獲得轉化，尤其是男性力量崇拜將會減弱。而一系列新的階段發展任務也將會出現，這些任務不再和在世上找到自己的**身分認同感**那麼息息相關；它們的出現，更多是為找尋自己的**生命意義**。男人先前為了找尋在世上的身分認同感，而否定或捨棄掉的心理特質在人生的下半場將被重新喚醒。當然，有些男人為了防禦這些中年體驗，會病態性地增強自己的男性陽具崇拜——這會導致他們的性別兩極化程度不減反增，由此成為中年期發展的巨大障礙。如果這種情況不發生，男性在經歷中年轉折後，一般會優先恢復自身的洞察力、連結感，以及滋養性。

在中年轉折期，男性會體驗到相當程度的內心混亂感，因為他們要放棄幻想並且接受自身侷限。我們說男性來到中年，經常會心生厭倦，或者經歷一段「憂鬱危機」（depressive crisis），這是因為他們之前為了要在外在行為世界的角逐場中牢牢立足，而不得不侷限住自己的內在世界，不讓其過度發展，但這種侷限到了中年是一定會產生痛苦的。

物極必反，受到侷限的內心世界會產生一種反作用力，促使我們重新找回先前放棄掉的那些自我部分，從而獲得一種不那麼「剛」的、更可被社會所接受的男子氣概，並促使我們接納自己的侷限性。所以這是一個人生的心理轉向任務，這一轉向要求我們更多地關注內在，具備整合而非偏激的觀點，並試圖找回曾經放棄掉的自我部分。[7]

通常，一個男性會在四十~四十五歲進入到這個轉折期。這幾年時間充當著橋梁的作用，把男性的成年成熟期和成年中後期連在一起。如果一個男人想成功地度過這個轉折期，那麼他就要完成三項主要任務：

1. 他不得不重新審視和評估到目前為止自己所經歷的人生；
2. 他必須改變自己的生活，採取一些預備步驟允許自己進入成年中期，另外他要做出一些新的選擇，並檢驗新的生活假設是否有效；

3.他要制定一個路線圖來最終解決中年生活裡的兩極性問題，正是這些非黑即白的兩極性問題深深地割裂了男性的內在世界。[8]

這個轉折階段會在大多數男性的內心世界和現實生活中掀起大波瀾。生活中的每個領域都生出了不確定性，這確實讓人感到恐懼——他真不知道自己接下來會變成什麼樣子。於是他困惑、疑慮、絕望，情緒波動起伏，感到無法行動。以此觀之，中年轉折期還真像一個二·〇版的青春期。然而和青春期一樣，中年男性會受益於和父親之間的堅實連結。如果他們的父親已經過世，那他們也將受益於與內化的父親之間的連結，下面史丹利的例子即是明證。

史丹利四十三歲，是一個小男孩的父親。他的職業生涯相當成功，這使得他經濟獨立，也使他具備了很強的男子氣概。雖然很容易遭受憂鬱性焦慮的折磨，但忙碌的工作還是幫他隔離了這些心理症狀。不過從去年開始，他失去了繼續拓展自己生意的動力，這讓他感到很困惑。他內心不快樂的體驗越來越強烈。在一次膝蓋大手術之後，他悲歎自己的身體「也開始走下坡路」。另外，他的兒子似乎更熱衷於畫畫和泡博物館，而不是出去運動；妻子也開始變得易怒，陰晴不定。

在第一次面談中，史丹利想讓我幫助他應對自己的妻子，他要怎麼做才能讓妻子不那麼急躁易怒，不那麼抑鬱。但是幾次會談下來，他承認了自己的內心感受：他感到自己好像正在走進一個黑暗且不祥的「無名山谷」，而且他害怕自己此行有去無回。

史丹利的父親是一位待人冷漠但專業傑出的大學教授，他的母親是一位移民，比父親年輕許多。在史丹利出生的時候父親年齡就很大了，且在他八歲的時候去世。談及自己的父親，史丹利的眼中湧出淚水，但是他馬上就說自己在待人冷漠這一點上「和爸爸很像」。在父親去世後，他和母親一直保持著很緊密的關係，儘管母親這人有點「怪裡怪氣」。不知怎地，談起父親會讓史丹利有一種被拋棄感，而談起母親會讓他感到羞恥。

精神分析開始後不久，史丹利開始抱怨：「我不知道自己該怎麼做，也不知道接下來會發生什麼。」因為對分析沒有明顯進展感到沮喪，他告訴我他更希望分析像「一次外科手術，你把我麻醉了讓我睡去，然後你像醫生一樣，在我失去意識的時候直接修復我損壞的身體部分就好了」。由此可知，在分析早期我在他心裡所代表的是一個無力的母親形象，而非他所設想的那種單刀直入的外科醫生，可以直接麻暈他並修復他。與我這個「母親」相連的，是像「關係」、「情緒」這些模糊不清的女性特質，而非與其更加尊貴的父親相關的，如「知識」、「發現」等男性特質。

史丹利的困惑逐漸演變為對於分析過程的憤怒，和對我的極不耐煩。他採取了一種自己想像出來的、父親可能會持有的「懷疑論者」態度來看待治療。他覺得父親當初可能會用這種態度來諷刺和反對母親「不科學」地去涉獵一些「肉麻」領域的嘗試。比如，他就不能理解為什麼我要探索他和父母的關係——這明明就不是「真正的」問題！他反覆強調：自己到這裡來是為了改變妻子針對自己的行為，或者說起碼找到一種與妻子相處的更好的方式。「我不明白討論情緒有什麼意義？難道討論情緒能改善我的婚姻？」他質問道。

我的理解是，史丹利正在體驗到一種恐懼，這種恐懼與被孤零零地拋在一個看上去沒有邏輯的、「女性化的」、與母親過度連結的情感領域休戚相關。

所以毫不奇怪的是，每當史丹利體驗到任何情緒，他都會迅速地通過疏離或者過分的理智化來掐斷情緒體驗。我的詮釋是：你的情緒會在和我談話中突然消失，這和曾經你在收到父親突然死亡的消息後所做出的反應很相似。也就是說，沒有父親幫他形塑有彈性的男子氣概，他自己只能非常僵化地界定所謂的「男子漢行為」。從此以後，他不得不把自己和那個讓人害怕的、「怪裡怪氣」的、帶著女性化色彩的內在世界像楚河漢界一樣隔開，這個內在世界曾經與他的母親，後來與他的妻子，現在與我緊密相連。

我告訴他，我知道他不會願意表現出自己是多麼「渴求」一位父親，因為這種渴求會再次觸發他的喪父體驗，並且也會啟動他對母性撫慰的強烈需要。他也承認，暴露這些基本感受，經常會讓他羞愧難當，因為他看上去「可能會像是一個有缺陷的人」。

這就是精神分析所指的「移情」——史丹利對我懷揣著他曾經對自己父親的需要。他需要我做為一個替代性的父親，幫助他完成對自己父親的哀悼。[9]當史丹利開始尊重我，和我在一起感到安全，且相信我可以理解他的時候，他逐漸地我把感知為一個既可以涵容其內在世界的混亂和恐懼，同時又不會在心理層面上疏遠他的男人。有了這層信任，他便可以在和我的關係中，哀悼其親身父親的逝去，並哀悼曾隨之一同逝去的那部分自我——曾經為了建立一種穩定卻過度僵化的男子氣概，而不得不割捨掉的那部分自我。

史丹利的中年轉折期變成了一場由焦慮和羞恥感支配的「中年危機」，因為他多年前發展出來的所謂男子氣概，已無法滿足他今時今日中年生活的需求。生活急迫地需要他重新找回曾經丟失掉的那部分自我，並且接納自己的侷限，不再強撐。幸運的是，我們之間的分析工作幫助他獲得了一種更為細膩且整合的男子氣概。從此以後，他不必再為了當個「大男人」，而捨棄掉自己的內在的情感、需要，以及強烈的渴望。這場蛻變帶來的結果是：他越不擔心自己身上的男性特質，他和妻子兒子的關係就越健康。

一旦中年轉折得以完成，那麼許多男性都會發現自己來到了成年中期和晚期這個新的人生階段。在此階段中，男人會更多地轉向內在，更少地強調魄力和掌控環境，而後面這兩者在成年早期曾顯得如此重要。發展心理學家伯尼斯．諾嘉頓（Bernice Neugarten）曾把中年的基本轉變界定為「人格的內在性增強」（increased interiority of the personality）：中年男性不是一味執著於完成特定的外在目標，而是轉向更加享受生活的過程本身。[10]

但是在接下來這個階段中，男人除了培育自己的孩子，還會發現：自己需要越來越多地為自己年邁的父親負起責任。父子之間的角色即將顛倒。父親如果還沒有死亡，那麼就會隨時感到自己即將死亡。

死亡會給前路渲染上它的色彩，而父與子都將勉力前行，經過一個個餘生情感的驛站。中年男性，曾經的孩子、少年、毛頭小夥子，如今也變成了一位有了年紀的長者。現在輪到他，把父親的徽章傳遞給將來的後代了。

第 9 章

老年期：父子角色反轉

我既漸漸蒼老
亦永保年輕
我既笨拙愚鈍
亦洞悉世情
我既罔顧他人
亦善解人意
我既為母為父
亦為幼為長……

——華特・惠特曼（Walt Whitman）[1]

對於中年男人和他們年邁的父親來說，兩人的關係常常會出現艱難且尷尬的轉折。經過多年的穩定與平等，父子關係的天平又會發生傾斜，因為年邁的父親要開始在身體上、情感上，有時甚至經濟上依賴自己的兒子了。兒子最終也要在養育自己孩子的同時，照顧自己的父親。這個轉折對父親和兒子雙方來說，都是非常痛苦的。

但另一方面，兩個男人會發現，在此階段他們甚至會比過去更為親密。面對死亡這個主題，他們都想好好利用餘下的歲月，放棄過去的遐想，抓住生命中真實而重要的東西。他們經歷著相似的改變，所以他們英雄所見略同。比如，父親和兒子都明白保持活力且互相支持的重要性，他們都需要找到有效的方法來應對彼此之間複雜的情感，同時還要面對衰老可能帶來的絕望感。由於發展目標一致，所以他們會在此階段同舟共濟，相互之間更加親密。

中年不惑

從四十五歲直到六十多歲，這個階段的男性會完成其人生的第四次分離－個體化。他們會開始接受自己身體和情感的侷限，也開始接受曾經英雄夢想的破滅。男人在中晚年會體驗到一種發展性需要：他們不再像過去那樣執著於以行動為導向，也不再覺得必須要像以前那樣克己律己，去滿足社會對理想男性的期待，從而讓自己在世上立足。現在，中老年男性需要重新調整自己，帶著未泯的童心和未老的壯志，在未來的歲月裡成功地面對老去。[2]

人到中年，其追求會發生本質的變化。進入中年以前，做為一個男人，他全心全意專注建立起自己的身分認同，從而使他無論在現實世界，還是在其內心世界都能夠遊刃有餘。然而現在，他需要找到一種意義感，確定一個新的目標，這個目標將影響他接下來的生活和工作。他需要打破從前的框架，用更持久，但也夠靈活的特質來迎接那些迫在眉睫的挑戰。

這個階段男人的身體和心理都會發生改變，很多男人不願再向世人證明自己的男性力量，他們更想自由地做自己。從前以行動為導向的存在模式發生了轉變，老年人開始有了一個更向內的、更整合的視角。在這個視角下，他們開始學會對自己寬容，寬容那些曾經被他們蔑視和放棄的女性化特質。

於是男性的自我會開始逐漸去性別化。這個時候，很多男人會試圖平衡他們的兩極世界觀，這個世界觀曾經讓他們的生活充滿對立：年輕對衰老，男性對女性，主動對被動，善良對邪惡，孤獨對依戀。他們也開始理解：生命的答案不再是非黑即白、非此即彼的選擇，而是在兩極之間找尋到一個平衡。

在大部分男人的後半生裡，隨著確定感的崩塌，他們的能量自然地開始內轉。比起追求一個具體的目標和努力去掌控環境（這是男人早期至關重要的成長目標），一個中年男人開始逐漸學著享受餘生。因為他們開始接受自己的缺點和錯誤，仿彿那些已是公開的祕密。特別是當一個男人承認並接受自己做為一個父親的侷限時，他便能以現實卻滿懷希望的人生態度，進入生命的最後階段。

男人現在所面臨的狀態，我曾將其描述為「完整之前必先渺小」。[3]男人曾經為了在年輕人的世界中獲取成功，而創造出來的那個英雄已漸遲暮，而這趟英雄之旅亦將行到盡頭。如果他在人生的下半場能完成這個讓自己「渺小」的任務，便可能不會以絕望或失敗感來看待自己的一生。相反地，他會滿懷希望地接納自己，並積極尋找方法讓自己擁有繁衍力和創造力。

但這絕非易事。在為人父母這件事上，有些男人很難認識到自己的侷限，也無法接受自己的失敗，因此他們會給兒子留下一個無法處理自己悲痛、自責與悔恨的父親形象。精神分析師及家族治療師梅爾・蘭斯基（Mel Lansky）給出了一個失敗父親的細緻輪廓。[4]儘管他研究的中年父親大部分在三十五歲到五十五歲之間，並且住院接受家族治療，但他的研究涉及各個年齡層的男性，當然還包括他們的父親。值得一提的是，對於自己不是一個好父親這個議題，男人會竭盡全力避免讓自己體驗到任何羞恥。

對很多男人來說，「我是一個無能的父親」所帶來的情緒上的脆弱與羞恥，真是無法容忍。因此，他們會不遺餘力地採用指責他人、見諸行動、分散注意力的方式來逃避直視自己的不足，從而使自己免於痛苦。

年長的父親若能克服自己的羞恥感，於父於子都是有益的。詹姆斯四十多歲的時候來尋求治療。在其原生家庭中，父親羅伊在情感上和身體上的缺席，使得詹姆斯今日仍孩子般地怨恨著自己的父親。不僅如此，詹姆斯的怨憤貫穿了他的整個童年，即使現在做為一個成年人，他與父親的關係也只是表面和諧。

詹姆斯和父親羅伊從不起爭執，他們不想有衝突，也不再期待真正的親密，只希望在各自的路上彼此安好即可。在我們討論為何父子關係表面和諧實則形同陌路時，詹姆斯告訴我，他自己是有責任的，因為他「從未真正向他父親敞開過心扉」，他也「從未原諒自己的父親」。儘管他們經常見面，但橫亙在父子之間的是一個諱莫如深的「大峽谷」。

然而，在我們工作一年後，改變悄然而至。父親羅伊在他七十多歲時檢查出動脈瘤，有生命危險。住院期間，詹姆斯經常去醫院探視。在一次探視中，羅伊出人意料地聊起了自己的父親。當詹姆斯看到羅伊滿含熱淚地說起自己的父親，也就是他的「爺爺喬伊」時，他感到無比震驚。爺爺喬伊患有嚴重的心臟病，這給父親羅伊及其姊妹帶來很大的負面影響。羅伊說：「我們在他身邊的時候，總是得小心翼翼，生怕讓他難過。我忽然意識到對你來說我也是這樣的父親。我的父親已經不可能再變得積極，但也許我還可以。我不要變成我父親那樣，那讓我感覺很糟糕。我當年只是不知道該怎麼做才能讓自己變得和他不一樣。我真希望當時知道該怎麼做啊！」

儘管詹姆斯知道父親和爺爺的關係是疏離的，但他從來不知道爺爺的具體情況，也不知道父親曾為此承受了如此多的痛苦。直到面臨死亡的那一刻，父親羅伊才願意揭開自己童年的傷疤，憶起自己從爺爺那裡受到的傷害，並且才願意承認自己做父親的失敗，對此他感到很糟糕。當我問詹姆斯，羅伊敞開心扉對他來說意味著什麼時，詹姆斯說他很高興能知道這些，尤其是看到羅伊展現出做為一個父親的脆弱之時。

在接下來的治療中，詹姆斯回顧了他父親的行為。「我的天，」他說，「我爸當年一定非常害怕讓爺爺難過，害怕表達自己的感情，難怪他看上去總是那麼壓抑和疏離。」詹姆斯意識到他的父親壓抑著自己的情感，尤其是那些負面的、消極的情感。因為那些情感很可能「殺死」他所愛的人，所以他要撤回，要保留，要守護。

不知不覺中詹姆斯開始明白，他沿襲了自己家族的模式，那就是：如果封閉自己，就可以保護自己在意的人。有了這個覺察，詹姆斯不再擔心自己不是個好兒子，也不再把父親的缺席看作是自己的問題。簡而言之，父親羅伊終於感受到了足夠的安全，去揭開他自己的傷疤，並向兒子表達他的歉疚，如此詹姆斯也才能用自己在治療中獲得的能量，去原諒父親的缺失。最後，受到父親的影響，詹姆斯也做好了更充分的準備，去接受自己做為一個男人和一個父親的不足了。

父親教兒子如何變老

父親還通過接受自己的衰老，來幫助兒子度過中年。談及衰老，文化裡充斥著貶意。想想那些負面的表達，比如「長江後浪推前浪，前浪死在沙灘上」或者「夕陽無限好，只是近黃昏」。儘管商業廣告中也會有白髮老人的美好形象，但文化仍然是喜朝氣而厭衰老的。衰老意味著失敗，意味著不體面，因此我們嫌而惡之，乃至以此為恥。

一個父親若能對抗這些刻板印象，對自己的歲數平心靜氣，既不耽溺於青春，又能找到方法在身體、情感和精神上保持一定程度的活力，那麼他便能給身處中年的兒子樹立一個好的榜樣。也就是說，如果父親能在生活中直球面對疾病、衰老和死亡帶來的挑戰，他們就能持續發揮榜樣的作用。

男性在六十多歲或更老的時候，會開啟第五次分離—個體化進程。這是倒數第二次的分離—

個體化，它發生在死亡之前，而死亡被看作最後一次分離—個體化。老年人與他們早年建立的自我不斷分化，在生命的最後他們才領悟到：在自己的一生中，那些可以傳與後世的東西才是本質性的東西。為了迎接這次分離—個體化挑戰，年邁的父親需要接納死亡的臨近，並為之做好準備。

年邁的父親必須要觀察到這一深刻的內在變化，那就是他正在從「被拋棄的那個人」（who is left）轉變成「要離開的那個人」（who is leaving）。與此同時，若一位父親能坦然接受即將到來的死亡，他便會產生強烈的渴望，渴望能將自己的智慧和財富慷慨地給予他人。就這樣，年邁的父親變成了古希臘神話裡的赫密士（Hermes），那個指引靈魂到冥界的神。在邁向死亡的路上，父親需要向下和向內尋找「光明」，以此來與這個世界體面地告別，同時也使兒子在成年後期可以輕鬆上陣。此外，父親放棄所有永生的幻想，也可以在最後發揮父親的指導作用：向兒子展示如何明智地死去。

在理想情況下，父親樹立了一個「不死」的榜樣，即精神分析師卡爾·柯拉盧梭（Cal Colarusso）所說的「基因不死」（genetic immortality）。[5]積極參與兒子的生活，認識到兒子的獨特魅力，保持對兒子深情的同時也尊重彼此的不同，這會讓年邁的父親開始相信他為兒子所做的一切都是值得的。而且，父親最終會感到，兒子的存在比他自己的生命更加重要。就這樣，年邁的父親為兒子的持續成長和發展搭建好了舞臺。這種體悟，往往會使男人更為從容地接受自己的死亡，這反過來也能減輕兒子的悲痛，幫他更平靜地接受父親的離去。

就像我在第八章提到的，老人有一種能力，即能關注到那些生活在更遙遠未來的人，這種能力被我們稱作「大傳承」（grand-generativity）。就像祖父母更關注孫子輩大致的發展而非其日常生活，「大傳承」是一種代間關懷，是對年輕人，對即將到來的下一代，對那些還沒有出生的人以及對整個世界的關懷。以天下之樂而樂，以天下之憂而憂，他們放眼於未來，奉獻於未來，希求子子孫孫都能從自己存留於世的影響中獲益。正如伯尼斯．諾嘉頓和她的合作者所觀察到的，這種人在晚年超越自我而非沉迷於自我的能力，會讓老人體驗到當下之愉悅，使他們能安享自己的晚年，並讓他們以更優雅的姿態老去。[6]最後，一位父親若具備此種代間關懷，那麼他自己和他的中年兒子都將有機會體驗到：在這世上，或許真有一種不朽，可以超越死亡。

然而，並不是所有的父親都能給孩子樹立一個如此成功的榜樣。有些父親突然間發現自己無法再自力更生了，他們第一次感到自己要依賴藥物、以及來自兒子的情感甚至是經濟上的支援，這些力量的轉變會讓他們心生怨憤。另一些父親則被嫉羨所吞噬，甚至會詛咒他們那看起來更健康、更年輕，也更有力量的兒子。諸如此類的負面情緒若無法得到涵容，則父親往往會表現得吹毛求疵，拒人於千里之外。

還有一種相反的情況，那就是第一次眼睜睜看著中年兒子走下坡路，有些父親會為之感到糾結和辛酸。在過去的歲月裡，父親看著兒子在成年人世界裡從旭日朝陽到如日中天，無論是在工作、家庭，還是在社會環境中，父親都認同兒子。但是現在，已屆中年的兒子在成年後第一次呈現出走下坡路的狀態——他已不再是那個「少年英雄」了。面對兒子英雄形象的逐漸磨滅，有些父親對兒子自我照料的能力開始品頭論足，但那其實是父親對自己的擔憂，擔憂自己老來無用，餘生都只能靠他人而活。他們只是憤憤地把這些擔憂潛意識地轉移到了兒子身上。

所以，年老的父親需要找到新的方式去適應自己的晚年生活，並讓自己的人格繼續成長，而非一味地攻擊兒子。他不能再透過兒子的人生，來實現自己未竟的英雄夢想；他需要尊重兒子的中年生活，即使他的生活並不如己所願，但那也是他選擇的生活。

一位父親，需要直接面對自己的衰老和遲暮，如此方能體驗到自身生命的完整。

兒子幫助年老的父親

除了幫助兒子渡過中年危機，老父親也要面對自己的危機。在成年晚期，時光荏苒，歲月如梭，生命也逐漸走向盡頭。這種從中年就萌生的「時不我待」的危機感會不斷增強，愈演愈烈。另一方面，父親對兒子（及其他孩子）的感情通常錯綜複雜，兒子對父親的態度亦大都愛恨交織，這些都會讓父親不知所措，乃至痛苦不堪。

艾瑞克森認為在這個階段裡，男人會體驗到強烈的衝突——他既體驗著自我整合，又體驗著自我厭棄與絕望。[7] 因此，年老的男性會利用自己曾經獲得的成就與榮耀，結合平生所學的知識，去平衡自己此時的焦慮和孤獨。一個幸運的男人會因此體驗到生命完整的意義與價值。他會活在當下，儘管有著身體和情感上的侷限，但他們仍然可以保持活力，積極參與生活，在耗竭與重建之間找到一種平衡。

與此同時，處在中年期的兒子也會更加接受自己的侷限，逐漸認識到人生苦短。他發現自己有可能放下成見，找到一種方式去接受父親曾經給予的愛，即使這份愛再怎麼殘缺。即使與父親之間的矛盾不可調和，兒子也會想要與逐漸老去的父親在死別之前重新建立一些連結。與此同時，對於那些父親角色做得不怎麼成功的老人來說，重新修復與兒子的關係也並非沒有可能。

簡而言之，在兩個男人的中年和晚年的生活裡，無論他們先前關係如何，父與子都會情不自禁地趨向原諒與和解。他們不自覺地都想要做出一些補償，我相信這是一種與生俱來的傾向——雙方都希望自己有機會與對方達成和解。

艾倫是我的一位病人，已年近六十。近來他告訴我，他去探訪了自己八十六歲的父親奈德。奈德生活在亞利桑那州的一個退休社區裡。多年來，艾倫一直都在抱怨父親身上不受控的強烈自戀傾向。這個老人從來不關注自己的兒子，他只關心自己。艾倫在治療中非常努力想要更好地理解父親，於是，他開始更深地走入父親的過往，去瞭解父親曾經的模樣。

奈德是家中獨子，他的父母是北歐移民。奈德的父母很長時間都在做著粗重的體力活，他們每晚都靠喝酒入睡。在意識到奈德「從沒有獲得過他自己父親的陪伴」後，艾倫開始同理父親內心的痛苦和空虛。雖然仍然覺得無法長時間與奈德待在一起，但艾倫的憤怒在削減，甚至逐漸被憐憫所替代，他開始同情起父親的遭遇。

艾倫意識到，奈德無法給出他自己都沒獲得過的東西，即使這些東西如此簡單。在幾個月的心理治療中，艾倫明白了，奈德無法成為他內心中期待的那個父親。儘管如此，他還是看到奈德做出了努力──那是一個父親，竭盡全力在自己受到侷限的世界裡，為了表達對兒子的愛與關懷所做出的努力。對於這個理解，艾倫感到滿意。於是，對於到底是繼續向父親索取，還是回饋父親，艾倫便不再糾結。

在艾倫最近的幾次探訪中，父親奈德花了幾個小時去翻閱他讓妻子為他做的剪貼簿，那裡面詳細記錄了奈德所有專業和運動成就。艾倫告訴我：「看著他用那布滿斑紋和顫抖的雙手去翻閱這本剪貼簿時，我第一次意識到，原來他在用自己的方式跟我產生連結，他試圖找到一種方法把自己呈現給我，他試著在告訴我『我想要足夠好，這樣我就能足夠為你好』。我從來沒有這樣想過。我以前只聽到他為自己的過去歎息，吹噓著自己的成就。但現在，當我把怨恨置於一旁，我會看到這個悲傷的老頭正在試著靠近我。我這才明白，原來他在向我證明他對我是有價值的，他希望我能看得起他。他根本沒有其他任何辦法來靠近我。突然間我意識到，我希望他成為一個我所期待的父親是沒有意義的，因為我也不是完美的。在我有生之年，我從未體驗過我可以對我爸如此溫柔。」

奈德體會到了兒子對他的理解，他因此也感到了放鬆。兩個男人在接下來的相處中自在了許多。奈德發現自己不再需要總是去證明他是一個好父親，是一個成功的男人。因為感到不再需要為自己不斷正名，所以奈德有了更多心力為自己的兒子感到驕傲，他更可以直接告訴艾倫「我為你感到驕傲」。

儘管在奈德獲得更穩定的整合感之前，他還有很長的路要走，但他已然向前跨出了一大步。這大部分要歸功於艾倫，是艾倫的覺察和原諒賦予了奈德做為一個父親的價值，這也讓父親的生命在晚年有了延續下去的意義，沒有讓其陷入孤立、絕望和痛苦之中。

孤獨和寂寞無疑是老年人最大的問題。隨著伴侶以及親朋好友的逝去，老父親的孤獨感也會與日俱增。因為男人的壽命通常比女人要短，所以能讓倖存下來的男人和彼此分享他們相似的晚年生活的同性夥伴並不多。而且，由於周圍常常更多是女性，所以老年男性會尤其渴望男性同伴在旁。所以，一個兒子以朋友的姿態走入父親的晚年生活，這會讓父親感受到連結和親密，甚至讓他感到生活更有意義，更有活力。事實上，在晚年生活中和另一個人保持親密，是能夠讓人遠離孤獨和絕望的。正如老年醫學研究者和精神醫學專家埃瓦爾德·巴斯（Ewald Busse）發現的：晚年有無知己，是一個最重要的區分因素——用以區分哪些老人要去養老院，而哪些老人可以留在社區積極地生活。[8]

如果一個中年兒子可以更多地參與到父親的生活中，便可以幫助他的父親保持興趣，關注他人，也可以幫助父親積極參與社會生活。然而這條路並不容易，甚至總會遇到困難與挫折，但一個意志堅定的兒子總能找到方法幫助自己的父親。

我很幸運，因為我可以這樣幫到自己的父親。在我父親的晚年，他得了重病，非常虛弱。但即使這樣他仍然熱愛運動，尤其是棒球。我認為這是他向我表達愛的一種方式。每次我去老年公寓看望父親時，我們都會在一起看棒球比賽，兩人總有說不完的話。

在一次探訪中，我忽然覺得我應該帶他去現場看比賽，儘管他有些遲鈍，記性也不好，甚至連走路都有困難，但我總覺得他會愛上置身於棒球場的那一刻。一週後，我開車帶他和他的步行器去道奇體育場，看我們喜愛的道奇隊比賽。整個過程下來並不容易，我和他都要忍受身體上的不適，雙方都有太多的尷尬和不耐煩。然而最後我們還是一起圓滿地結束了這次看球過程。我們當時都能意識到，那個下午我們父子倆，彼此讓對方的生活獲得了充實。

在後來的幾個月甚至幾年時間裡，無論我何時再去養老院看他，我都會提到那個下午。在那些他所記得的日子裡，那個下午的回憶，總是讓他臉上浮現出一抹微笑。對於我來說，我獲得了三種快樂：

1. 是我促成了那個難忘的下午；
2. 我的父親很有風度地接受了那個下午的饋贈；

3. 對小時候他帶我去看過的所有那些比賽，如今我可以做出部分的回報。

然而，不是所有的父親都能接受兒子的饋贈。有些男人會因為尷尬、憤怒或者恐懼而無法接受兒子的幫助，不管是在經濟上、情感上還是在身體上。於是，老人常常對他們的兒子表現出苛責和不滿，讓兒子像他們自己一樣無助。從長遠來看，這些被證明是消極的、自傷的。

試舉一例。沃倫是一個中年男人，他因父親去世帶來的憂鬱反應前來求助。沃倫一直嘗試著去做一個體貼的兒子。他告訴我，尤其是在母親去世後，沃倫幫父親查爾斯賣掉了房子，並幫他搬進了老年公寓。然而，對查爾斯而言，沃倫做什麼都不夠。查爾斯越是指責沃倫不是一個好兒子，他們彼此之間的憎惡就越多；很自然地，兩人的關係也就越來越緊張，沃倫去看父親的次數也越來越少。查爾斯總想不斷證明：沒有人可以按照他的心意來照顧自己。這導致他越來越孤獨。沃倫想要保護自己免受父親的攻擊，但對於不常去看父親這件事，他又懷著巨大的內疚感。

他們之間的關係變成了一場劍拔弩張的拉鋸戰，兩個人都為此承受著巨大的痛苦。終於數年之後，查爾斯在孤獨、絕望以及痛苦的埋怨中死去。盡管沃倫體驗到「我終於不用為自己不去陪他而感到內疚了」這種非常表面的釋懷，然而在更深的層面上，他仍然在和自己作戰，他和父親之間的矛盾沒有完。他希望他當初能說出個什麼神奇的詞，那樣也許查爾斯能對他更友善更體諒；同時，他也深感痛苦，因為他曾經希望父親早點死掉。未完結的悲痛困擾著他，讓他無法哀悼父親的離世，自己也無法前行。

最後，沃倫的自我攻擊和絕望把他帶進了我的治療室。在治療過程中，我幫助他更好地理解了為什麼父親的離世讓他感到憂鬱。在治療中，他與父親查爾斯充滿衝突的關係，尤其是這段關係中不被他自己所接納的那部分情感和需要被揭示以後，其憂鬱症狀開始消退。沃倫最終意識到，問題並不在於他沒有給父親提供足夠的幫助，而是他的父親，從來沒有學會如何接受幫助。有了這樣的覺察，沃倫開始體驗到哀慟，他為自己，也為父親感到惋惜。

我總結了老人查爾斯晚年生活的各種困難，他無論是在付出還是在索取方面，都很糾結。他的一生大部分在孤獨中度過，他從沒有與兒子連結上。為此，父與子都付出了慘痛代價。然而，大部分父親與查爾斯不同——尤其是那些持續參與兒子的生活的父親——他們更能突破晚年的侷限，感激兒子對自己的付出。這些足夠好的父親能夠在老去這件事上看到自己的憤怒和沮喪，並會努力處理這些情緒。他們明白，兒子是自己最主要的幫助者，因為兒子是被自己養育得很好的人。也就是說，他們正在收穫自己曾經種下的果實。

當年邁的父親與兒子發生衝突時，敏感的兒子可能會察覺到，這些衝突實際上是發生在父親內心世界裡的。要知道，向另一個男人展示脆弱、消極和無助，尤其當這個男人還是自己兒子的時候，這對一個父親來說是相當痛苦的。但是，如果父親表達痛苦的方式像查爾斯一樣，是透過拒絕兒子，甚至是吹毛求疵，那麼這對後者也會產生很不好的影響。在理想情況下，兒子需要找到一些方法去化解這些矛盾掙扎，並向那個正在老去的男人提供不失其體面的幫助。這些方法最好能讓他的父親感到：人到晚年獲得幫助乃是必要而非多餘的。若兒子能接受父親的脆弱，那麼父親就更容易接受自己的脆弱，進而接受幫助。

再舉一例。厄尼是一家苗圃機構（plant nursery）的擁有者，他是被我督導的一位治療師的病人。他的父親吉恩曾經是一個金融大亨，在股票市場上呼風喚雨。事實上，吉恩曾經貸款給厄尼，幫助他啟動事業。一直以來，厄尼都會仰仗父親在投資方面的建議。但吉恩在中風之後，已經沒有精力去盯著厄尼的投資了。現在輪到厄尼來挑大樑，這讓父親吉恩非常緊張。像很多男人一樣，父親吉恩所感受到的男性力量與他在這世界上體驗到的掌控力直接相關，他既不願依靠他人，也不願坐等生命退場。一開始，吉恩要求厄尼的每筆投資都給他過目。對於一些利害攸關的決策，厄尼也會繼續徵求父親意見，他也確保父親能參與自己做出的所有決定。當吉恩看到厄尼仍然看重自己的建議時，這個年邁的老人會為自己培養了一個如此通情達理的好兒子而感到欣慰。這反過來也幫助老吉恩放鬆自己，不再那麼控制。

厄尼對父親的失落與無助是敏感的，這幫助了父親去承認並接受自己的侷限。值得稱讚的是，吉恩也能及時改變對自己的看法，那就是：即使不再掌舵，自己也是有價值的。吉恩不再要求自己時刻保持堅強自立，他也開始學著接受並欣喜於兒子的能力。最重要的是，他開始接受自己不夠男人的那一面，儘管他並不習慣，也可能會被嘲笑，但他發現之前「不夠男人」的面向，在生命的這個階段也是有意義的。

正如大多數男性的晚年生活一樣，吉恩找到了意義，也接納了自己。就像我在本章一開始提到的，老年人往往關注衝突的解決，無論是解決與他人的衝突，還是解決自己的內心衝突。即使是那些出於恪守「男性」刻板形象而顯得自主強勢的人，比如以前的吉恩，也會變得友善且溫暖，寬容且平靜。其實，大多數老年男性會越來越允許自己運用曾被視作女性化的自我部分，比如更多地表達自己，更願意把自己投入到關係中去。正如跨文化心理學家大衛·古特曼（David Gutmann）在他的跨文化觀察報告裡所提到的那樣：男人在他的晚年生活裡，會變得更加雌雄同體。[9]

並且，我自己的研究也表明，與早年相比，雌雄同體並不會消減老年人性別意識中身為男性的感受。事實上，大多數成熟的男人，他們的男性魅力到了老年都會更加流動且複雜。

哀悼父親的離世

年邁的父親即將離世，他們往往會想自己死後可以留下些什麼。這些父親回顧自己的一生，意識到他們幫助兒子克服了身體的、心理的以及情感上的障礙，於是在獲得更深的自我價值感的同時，也讓自己生命得以延續的願望獲得實現。這種父子間終生的男性聯盟是芬蘭精神分析師韋莎·曼尼寧（Vesa Manninen）所說的「男性事業不可避免」中最精彩的部分。通過相互之間積極地參與，父親知道他可以不死，因為他活在兒子的心裡。正如曼尼寧所說：

> 如果父親相信自己對兒子的付出是值得的，他會活在兒子的心中，且不強迫兒子依附於自己。那麼，無論是當下還是永久，他都會成為兒子獨立成長過程中最滋養的那個部分。他身體的腐朽，會自然而然地轉化為其存在的不朽。[10]

當父親知道兒子能從自己身上有所學習，自己成為兒子的一部分時，這位父親也許就能背負起生命中最困難的挑戰：超越死亡。對兒子而言，這個不得不和父親說再見的過程，遠非參加一個葬禮然後送父親入土這麼簡單和短暫。吉普賽人有句俗語，「欲葬汝父，必掘其深」（You have to dig deep to bury your father）。也就是說，正如很多兒子所發現的那樣，在父親死後，他們還有很多的事情要做：他們要意識到父親在自己心裡仍以何種方式存在。透過開啟這個內在的探索過程，也隨著兒子對自己和已故父親的理解及接納程度的提高，兒子會在父親故去以後，繼續與其和解。

比如，父親死後，中年兒子突然成為「家中長者」。這個地位的急劇轉變，等於是宣告他取代了自己早年內化的父親，這會迫使他重新審視分離這個主題。與此同時，中年兒子需要處理與母親的關係，尤其是如今正在寡居的母親。

兒子在照顧母親的過程中，過去的某些發展議題（比如與身體親密相關的伊底帕斯焦慮，以及曾經未解決的憤怒）會被再次啟動，會出現並需要得到處理。當中年兒子被再次置於與年邁母親「單獨」相處的情境中時，那些被埋藏了很久的情感、衝動和幻想會再次浮出水面。於是，就像當初兒子與父親調換角色一樣，他現在也需要重新處理和母親之間的老問題，以獲得新的領悟。

健康父子關係帶來的好處，就是讓人獲得超越死亡的力量。如果父子之間沒有根深蒂固的矛盾衝突，兒子的悲痛就會像佛洛伊德在他的經典論文《哀悼與憂鬱》（*Mourning and Melancholia*）裡所寫的那樣自然地發生。[11]佛洛伊德解釋說，如果兒子可以意識到他對父親的憤怒、憎恨以及對父親的愛和關心，意識到他與父親的情感連結，那麼他就很可能整合這些矛盾的情感，從而繼續自己的生活。然而，如果健康的悲慟和哀悼沒有發生，那麼往往是因為兒子太愛父親，從而無法表達憤怒及其他的負面情感；又或者是因為兒子太恨死去的父親，以至於他無法表達愛和憐憫。於是，活在世上的兒子會長久地沉浸在喪親之痛中，無法走出來。既不能充分哀悼，亦不能放手（就像那位自我貶低的病人沃倫一樣），兒子最終會因內疚和自我譴責而喪失功能。就好像那位已故的、非常挑剔的父親滲入到兒子的體內，讓兒子不斷地自我攻擊一樣。

如果父子關係足夠好，或者像書中案例所展示的那樣（父子關係不夠好但兩人最終得以和解），那麼兒子便能攜帶著愛，更好地整合自己對父親的失望。他會感到希望未泯，而父親的失敗亦可被原諒。如此情況下，哀悼便會自然而然地發生，兒子走過悲傷、失去、憤怒、愛和感激，而後讓父親真正離去。

瓊妮．蜜雪兒（Joni Mitchell）寫過一首著名的歌《圓圈遊戲》（*the Circle Game*），它恰如其分地記錄了一個小男孩有一天突然發現自己變成了男人，而且還將成為另一個小男孩父親的冒險經歷。[12] 與世界上許多偉大的宗教一樣，這種生命理念會認為人生旅程不會因死亡而結束，而是會以讓人意想不到的，甚至是充滿驚喜的方式繼續進行。

就像父親和兒子在他們生命的早年階段（學步期、潛伏期、青春期、成年早期和成熟期）相互需要那樣，他們彼時可以給對方提供在別處獲得不到的、獨一無二的幫助；此時，身處人生之最後階段，他們依然能夠相互扶持。這種相互的扶助與指導，甚至會持續到生命的最後一刻。

那些父子關係經歷過挑戰，卻依然保持互動和親密的父子，會更傾向於重建關係而非相互消耗，也會傾向於繼續向前而非沉溺於過去。父子倆會面臨新的挑戰，但他們的關係依然可以獲得回暖的機會，從而讓彼此收穫更深的連結與和解。

在各自生命的盡頭，兩人可能都會發現自己已然獲得了一種成熟的智慧，這種獲得本身，就是一個偉大的成就。此智慧能讓他們看到：人總會有機會去反思，去承認，去整合，去珍視生命中那些無比微妙且豐富的轉變，去接受我們存在的輪迴性：此身雖死，此神不滅。

在《聖經．創世紀》中，我們看到了族長雅各離世時的動人場景。雅各很明白一個垂死之人對孩子所應擔負的責任。感到死之將近，他將十二個兒子喚到身邊。「你們過來，」他說，「我要告訴你們未來幾天將要發生的事情。」

他挨著每個兒子分享了自己的智慧與建議。結束後，他說：「我受到召喚，將要回到我的祖先那裡了。請你們將我，與我的父輩一同埋葬。」[13]這種連綿不絕之父性所傳遞出的希望，通常是父親贈予兒子的最後、也是最偉大的一個禮物。

第 10 章

結語：生命的弧線

父若知子，智者也。

——莎士比亞，《威尼斯商人》

經由整本書，我邀請讀者跟我一起反思了父親和兒子從出生到死亡的整個生命歷程。無論父子是否有機會並肩同行，父親和兒子在彼此生命的重大轉折期，都是一個可以真正幫助到對方的特殊存在。我認為，如果父親和兒子可以一直相互影響和扶助，那麼最終，兩人都有機會獲得「究竟怎樣才算是一個完整男人」的深遠領悟。

在另一個更加含蓄的層面上，我也邀請各位將你自己生命旅程中的各個發展階段進行了一次梳理和概念化，讓你瞭解到每個階段會對自己產生怎樣的影響。我們知道，很多作家、哲學家以及偉大的思想家都思考過人生的發展階段問題，並試圖找到每個階段的發展特點，及其對我們人生的意義和影響。比如，莎士比亞就在戲劇《皆大歡喜》中假定了男人一生的「七個階段」。根據他的描述，我們從哭泣的嬰兒開始，然後成長為學童、戀人、士兵、年輕人、中年人，最後成為老叟，或者說「第二次成為孩童」，緊接著被「全然遺忘」。

許多心理學家、精神分析學家以及社會科學家們，會以更嚴肅的專有名詞來描述男性的發展階段，但是鮮有人將「身為人父」的重要性考慮進去。我本人把「身為人父」做為考量男性發展的一個維度，詳細闡明了一個成年男人的人生旅程，是如何受到「父性」這個因素的深刻影響的。而且這本書並不認同「孩子會成長，而父親只會老去」這樣的陳舊觀點，我強調父子連結並非靜態，而是持續發展的；我強調父子關係並非單向，而是雙向互惠的。換句話說：父與子，在兩人的生命歷程中都會因對方的存在，而持續發展和改變。

成年人發展和兒童發展一樣絕非線性，它是一個充滿著進退交織的系列過程。要知道做為成年人，我們在兒童身上看到退行並不會感到奇怪，比如三、四歲已經做過如廁訓練的孩子，他們在進幼兒園以後又會有「小意外」出現；又比如十幾歲的青少年，你不讓他晚上回家太晚，結果他像小時候那樣亂發脾氣……但是進二退一的可不止是孩子，成年人通往成熟的道路常常也是蜿蜒曲折的，我們每個人在前行的過程中都難免退行，或者繞行。

在男人曲折蜿蜒的人生路上，他總有機會重新反思和重估自己先前深信不疑的某些人生見解，實際上這些見解可能並沒有它們看上去的那麼牢固。正如我在前幾章談到的，即使是男性的性別認同，也會在其生命的特定階段不斷受到挑戰，甚至被重新界定。比如，對青春期晚期和成年早期的男人來說，他們常常會用性能力和耐受疼痛能力的強弱來界定一個人是不是有男子氣概；到了成熟期，他們可能會更多地用職業方面的成功以及賺錢養家的能力來判定自己夠不夠男人；最後來到中老年，男人通常會對所謂的男子氣概有更靈活的理解，因為他們會用自己是不是一個好父親，自己是不是具備足以影響後人的傳承感來評價自己這一生成功與否。於是到了這個階段，男人身上的滋養性和女性化的部分會被更加飽滿地整合進來，以此積澱為成熟的男性觀。

然而這些改變並非發生在真空之中。男性發展深受其環境影響，所以我才在本書中以放大鏡視角來觀照男性一生中最重要的交互型關係：父子關係。但是父子關係亦非靜態，父子兩人在共同的發展歷程中，他們可能在此階段走近，在下個階段又會遠離；他們此時為盟友，彼時可能又成了纏鬥在一起的對手。但無論兩人的生命歷程是平行還是交叉，這段父子連結在他們的生活中始終如基石般重要。

建設性的改變：打破「強迫性重複」

然而，這段重要的父子關係卻有可能朝著許多不同的方向發展。正如我已詳加闡述過的那樣，父親可以有深度、有建設性地參與到兒子的生活中，學會識別和確認兒子的獨一無二性，保護他們，供養他們，引領他們，指導他們，幫助他們從男孩蛻變為男人。但是，身為人父，你也有可能忽略兒子，拋棄兒子，虐待兒子，又或者完全無力引導他們有效地應對這個世界。這時候問題就來了：那些沒有足夠好的父親的男孩們，他們該怎麼辦？他們也可在成人的世界中脫穎而出嗎？他們自己也有機會成為足夠好的父親嗎？

答案是肯定的。即便是這些男孩，他們也有可能戰勝不良養育的負面影響，尤其是在允許自己獲得他人幫助的情況下。這本書中的很多例子，描述的就是這種男性——他們在理解自身和理解兒子的勇敢嘗試中，終究尋覓到了方法，讓自己不完整的男子氣概變得更完整，讓自己對自身和對兒子的理解由片面變得成熟。

這樣做最重要的好處，就是給了男人一個機會：不再用自己小時候受過的某些傷害，重複性地再去傷害自己的妻子、兒子、女兒。正如尤里比底斯（Euripides）兩千五百年前所說：「諸神會讓父親的罪愆降臨到兒子頭上。」[1]

為了打破這種被佛洛伊德稱為「強迫性重複」的迴圈，男人需要對自己和父親的關係保持更強的意識覺察，尤其是對那些他自己不認同，但又潛意識內化了的父親特質。[2]這種情況在第八章艾瑞克的例子中得到了充分說明：我三十五歲的病人艾瑞克，勇敢地承認了自己對兒子梅森的侮辱行為，並為自己的錯誤承擔了責任——他沒有讓自己父親老羅曾經對自己的侮辱模式，繼續傳遞下去。借助一些必要的領悟和覺察，一個男人就可以阻斷過往傷痛的代間傳遞，無論這種傳遞是通過潛意識自動反應的形式，還是通過不自覺地完全反其道行之的方式。

我本人其實也很難認同自己父親的某些方面。所以在當了父親以後，我也會避免和兒子之間產生某些像我和父親之間那樣的互動。我父親主要由他的媽媽和姊姊養大，所以他從小到大都很難應付衝突和攻擊性。在他當了父親以後，他仍舊做了他那個時代的父親常做的一件事情：幾乎把孩子完全交給女人帶。所以到了我這裡，我就主要是由媽媽和外婆帶大（我幼年時一直和外婆共用一個房間）。其結果是：我早期的分離—個體化和攻擊性需要均不能被父親理解、涵容，他默默地把這些問題甩給了我媽——這導致我後來也不知該如何有效地處理自己的這些需要。

我的父親在處理家庭矛盾方面幾乎總是避而遠之的，所以在我自己做了父親以後，每每遇到家庭矛盾我也是情不自禁地想退場，對我而言這樣既可以規避矛盾又不會打破自己的「好爸爸」形象。但是從潛在的衝突情境中退場，讓我既幫不了自己的孩子，更支持不到我的妻子。所以這些年下來我要面對的挑戰之一便是：每當迴避衝動出現時，我都會強迫自己待在家庭環境中不退場。要做到這一點，我就不得不向自己承認：其實我內化了一個「不情不願」的父親。

但我努力地面對這個內化的父親，並一直試圖改變。長此以往，我不再一嗅到衝突的味道就退場。針對孩子的需要，我會發出自己做為一個父親的聲音；同時我也找到了方法，再次和妻子結成了育兒方面的「戰友」：這意味著我在看到並認可兒子分離－個體化需要的同時，也尊重和支持自己的妻子。

更為重要的是，我做為一個父親要盡己所能幫妻子理解和支持兒子的發展。如果一個母親可以看見、支持並認可兒子的男子氣概（不因兒子的攻擊性需要和分離需要而感到威脅，也不因自己對男性的仇恨而打壓兒子），那麼她就可以減少兒子成長中的內在衝突。

比如，兒子在成長過程中會試圖與母親分離，一個母親如何應對這種分離需要就顯得十分重要。她需要涵容自己的分離焦慮、失落的恐懼，以及對於兒子步入男性世界，及其與父親萌生情感連結時的嫉羨情緒。如果男孩在與母親分離的過程中得不到母親的支援，那麼常見的情況就是：他會內化一種針對父親的敵意，有時他甚至會對自己身上的男子氣概產生敵意。這種敵意最終將阻礙他發展出健康的攻擊性、掌控力和權威感，因為他在內心裡常常會錯誤地認為：我身上那些具有「男性色彩」的攻擊性，要嘛會傷到我生命中重要的女人，要嘛就是在和女性整體為敵。

如果父親參與度高的話，則在很大程度上可以防止上述情況發生：同為男性的他，可以把兒子正在萌芽的男性特質正常化，並向自己的妻子解釋這個現象。父親在此過程中主要充當翻譯官的角色，他把兒子行為的意義轉譯為妻子聽得懂的語言，並讓她看到這是自然發展而非病態的。如果一個父親可以當好翻譯官，把對兒子的深度理解轉譯給妻子，那麼他就可以加強自己和妻子之間的「戰友」關係。在這種理想的情況下，無論兒子年齡為何，他都會感到自己是一個被好爸爸和好媽媽同時愛著的好兒子。我的觀察是：這種攜帶著「愛的三角」的兒子，長大以後更有能力找到合適的伴侶，並與之建立一種有愛、有承諾的親密關係。

總而言之，父親和母親都需要支援而非阻斷兒子與對方的連結。如果父母做不到這一點，兒子的男性價值感很可能會受到損害。

心理學家史蒂芬・迪卡（Stephen Ducat）如此寫道：「在這種環境中成長的男孩，很少會惡意地嫉妒母親和其他女人。他們既能認同母親，亦可認同父親。他們不太會害怕或貶低自己身上『女性化』的特質，也較少在成年以後做出所謂『超級大男人』的衝動行為。」[3]

父親的遺產

我和我妻子的付出都有了回報。幾年前我著手寫這本書的時候，我的女兒離家上大學。當我開始寫這個結語的時候，我和妻子剛剛又把我們十八歲的兒子送去波士頓上大一。

一個男人很難想像，當初他還握著剛出生的兒子的手，然後有一天看著這個小男孩去上幼兒園，學習開車，開始自己的事業，組建自己的家庭，也有了自己的孩子，最後看著他變老。其實做為父母我們已然明白了一個道理：我們越不想放開孩子們的手，我們就越清楚最終我們總是要放開。如果我們時不時忘記這個道理，我們的孩子也會提醒我們：他們會掙脱我們的手臂，會擺脱我們強加在他們身上的禁錮，會拒絕接受我們提供的建議。得失相依，悲喜共存，正如我們看著孩子成長，也看著他們離去，真是一道生命的輪迴。

當我們懷抱著自己的孩子，當這個孩子長大成人出門第一次約會的時候，我們目送他離開——做為父親，此時我們不只會想像孩子的未來，也會懷念自己的過往。我們彷彿也看到了那個曾經的自己，第一次上學，第一次在比賽中進球，第一次墜入愛河，第一次凝視自己剛出生的孩子……在這些畫面中出現的，除了曾經的自己，還有我們曾經的父親，無論他依然健在，還是已經逝去，我們在內心中與他的對話依然在延續。

隨著兒子的離家，我們的房子突然間變得空蕩且安靜。同時，我的內心變得更加寬廣也更少掛礙。我知道我對兒子的影響正在減少，這既讓我輕鬆，又讓我沉重。我既感到悲傷，亦感到難以言喻的喜悅，因為我知道我的「小男孩」此時正帶著那些美好而豐厚的記憶住在我的內心深處——他正在成長為一個年輕的男人，正如他的姊姊已成為一個年輕的女人。我會很高興去重新認識這個男人，在接下來的歲月裡，我們也許會建立起一段嶄新的關係。很快，我們會以兩個成年男人的身分，一道去經歷生命中各自不同的階段。我只希望他也願意用全新的方式去認識我，與我相處。

無論未來如何，我期待與我的孩子們繼續這場早已開啟的平行的旅途，正如我跟父親曾經的那樣，在各自充滿新奇和未知的生命旅程中，既相濡以沫，又相忘於江湖。

失去與悲痛，欣賞與感激，失望與接受——在父親與兒子傾其一生邁向成熟的過程中，這些情感和心態會變得更加微妙，也更易被容納。如果一切順利，每個男人都能在晚年領悟到一種成熟的智慧：在真實而有愛的父子連結中，父和子都能更飽滿地領悟到生命迴圈且進化的本質。

如此一來，父親得以經由自己的孩子，感受到永恆。每一次，父親要執起孩子的手；每一次，父親也要放開他的手。這樣，他便能給自己的後輩留下一份無價之寶。即使在父親死後，兒子也依然會保存兒子這一身分認同，其父親生前深厚的影響依然會在其精神內在延續。正如菲利普·羅斯（Philip Roth）在《遺產——一個真實的故事》（*Patrimony*）中寫到的：「就算沒有出現在我的書裡，也沒有出現在我的生活裡，那至少在夢裡，我也會永遠做為他的小兒子存在。我若是他的兒子，那麼他就不僅會做為我的父親，而且還會做為一位慈祥的先人，在另一個世界審視著我所有的言行。」[4]

簡而言之，一個男人做為父親的所想所為，會對其後代產生巨大影響。他的態度和行為會成為家族編年史中的一部分。他的故事會被經久傳誦，不論是在他生前還是身後。每當這些故事被再次講述時，兒子都能感到與父親更為親近；父親也能體驗到自己在兒子心中所處的重要位置——那是在兒子一生中都很顯著的一個位置。

世代之間的連結

縱觀全書，我都在強調父子連結在世代之間連續傳遞的重要性。我本人對此是有真切體悟的。在父親逝世前不久，由於他健康日益惡化，我和姊姊決定將父親遷往私立療養院居住。他的心臟依然強健，但是語言和認知能力已然大幅衰退，若要走動也只能使用輪椅。

父親每天大部分時間都在睡覺，清醒時和我們的交流大都也是用微笑、點頭、眼神接觸或是偶爾的幾句嘟嚕來進行。我的兒子艾利克斯當時六歲，他經常陪我一起去探望爺爺。雖然他去了之後很快就會感到無聊而且想走，但他很少會拒絕和我一起去探望爺爺。

那是一個南加州秋天的美麗下午，週六，艾利克斯和我決定推著父親出去散個步。當時艾利克斯在住宅區的街道上引導著輪椅前進，而我則想起小時候爸爸曾給我唱他最喜歡的〈叮砰巷〉

（Tin Pan Alley）歌曲，於是我問爸爸，他是否還記得這些曾經鍾愛的歌謠，他點了點頭，甚至還喃喃地哼起了〈當紅色知更鳥來的時候，鮑勃波比也跟著來了〉（When the Red Red Robin Comes Bob Bob Bobbin' Along）這首歌。艾利克斯笑了，他立馬說道：「爺爺，爺爺，我知道這首！」他知道這首歌，是因為我在他還是個學步期娃娃的時候就唱給他聽過。很快，我們祖孫三人就開始一起唱歌。我們沿著巷弄繼續繞著圈，這給了爺爺教小孫子「新歌」的機會——〈肩並肩〉（Side by Side）、〈鴛鴦茶〉（Tea for Two）、〈我想娶一個像媽媽那樣的女孩〉（I Want a Girl [Just Like the Girl that Married Dear Old Dad]），而艾利克斯則演繹了拉斐（Raffi）的〈白鯨寶寶〉（Baby Beluga）。我們三人厚著臉皮在住宅區提著嗓門唱了一個下午，笑容從每個人的臉上溢出來。回到養老院以後，父親感謝了我們。我注意到在爸爸和艾利克斯親吻告別的時候，兩人的眼中，似乎都閃著光。在和兒子一同回家的路上，我覺得自己做為一個中間人，讓爺爺將他對於生活的愛，傳遞給了孫子。

一年之後，也就是父親九十六歲的時候，他的身體真的不行了。一個早晨，我接到療養院打來的電話，他們告訴我父親已經過世，當時我並不驚訝。趕到他的房間後，我和父親獨自待了幾分鐘。過去幾個星期從醫院進進出出的折騰，也難以帶走他臨終前平靜的面容。我感到輕鬆。實際上，在過去的幾年裡，我都在哀悼他的逝去。我的哀慟就像此生和父親的關係一樣——柔和，無甚衝突，情感上無妨無礙。

幾天之後我們為他舉辦了葬禮。葬禮由我主持，我朗讀了他的作品（他一直驕傲於自己所寫的詩歌和信件，他在幾年前把它們交與我保管），分享了我所體驗到的他這一生的意義。葬禮結束後，一些朋友和家庭成員參與了一個小型的下葬儀式。在那裡，孩子們、妻子，還有我自己，獲得與父親最後道別的機會。

但是縱覽全書，你們也該知道其實我的父親並未真的離開我。父親今日仍與我在一起，這種感覺甚至比十年前更強烈。他活在我的夢中，活在我轉瞬即逝的思緒中，又或以一些更無可言說的形式存在於我的世界中。另外，他還存在於此書想表達的父性精神之中，和我在書裡的個人分享之中。父親的力量和他的缺點，今天依舊存於我身。每當我反思父親、兒子，還有我自己的人生時，我似乎都能看見一根無形的、富有彈性的絲弦。這根絲弦允許我們彼此自由地走遠，但同時也允許我們以無數超越時空的形式重逢。

雖然我的父親從未有機會聽他的孫子吹薩克斯風，也未曾見過他在棒球場上如我當年那樣揮灑汗水，但我確信無論是爺爺還是孫子都能體驗到某種豐厚而有價值的連結，這份連結不會被衰老所摧殘，也不會為童真無知所淡忘。此去經年，即使只有一些回憶和感情存於潛意識之中，兒子也會在自己身上找到爺爺的深深印記，還有那份經過數代人傳遞下來的、男人和男人之間的、充滿愛的連結。我絲毫不懷疑，若有一天兒子自己也能成為父親，他也會把這份充滿愛的父性傳給將來的世代。

＊

我寫這本書的目的，是希望協助男性好好撫育自己的兒子，倘若如此則父子雙方皆可在一個充滿愛的關係背景中，持續不斷地發展和成熟。實際上，對男性的教育一直以來都是人類社會關注的焦點。《聖經．創世紀》這章，從某個角度來看，就是一部致力於指引男人獲得父性，從而將一種有價值的生活方式傳遞給兒子及子孫後代的作品。想像一下亞伯拉罕和他的兒子以撒，以撒和他的兒子雅各與以掃，以及雅各與他的十二個兒子——無一不是彼此競爭，彼此學習，無一不是力圖走出彼此的陰影。

然而在我看來，男性教育卻不應拘泥於傳授技術和策略，而是應提供一整套過程和途徑，讓男人得以看見並**欣賞**孩子的差異性；讓他們擁有自我反思的**能力**；使他們具備在必要時有為，而在另一些情況下不妄為的智慧；讓他們擁有在變化無常的生命歷程中，始終**願意**參與到孩子生活中的、不退場的**勇氣**。

父親看見兒子的獨一無二性（無論這種看見發生在兒子幼年、成年，還是兩人的晚年）的能力，能讓一個父親瞥見那難以言喻的、隱藏在自身前意識之中的生命脆弱性。我們甫一降生便向死而行，這本是存在之事實，無須贅言。但是直到我們當了父母以後，對死亡的覺察才會更加清晰。男人在當了爸爸以後，會逐漸形成所謂的「父親時間」，他會根據自己和孩子的關係來感知歲月和時間：孩子過去如何，孩子現在怎樣，孩子將來又會成為什麼樣子。兒子降生後我們看他的第一眼，我們撫育這個孩子，我們指導他，面對他的分化需要時我們亦感到掙扎——總而言之，我們得想法子和一個與我們如此相似，但在本質上又獨一無二的人親密相處，度過一生。

所以男人在看自己兒子的時候，他既會體驗到生之有限，也能窺見生命不朽的可能。「除非發生悲劇，」一個參與度高的父親會對自己說，「否則兒子必能活過我，他便是我的第二次機會，是我生命的延續。」

*

一個男人要獲得此種領悟，並不一定要成為父親。但是那些有幸成為父親的男人，卻有著獨一無二的機會，在與兒子共同成長的過程中理解身為男人的意義。男人本就是矛盾的，這對我們為人父的過程提出了挑戰，這使得我們要對不確定性保持開放，要對自己和他人身上的矛盾有一定程度的接納。

再者，正如我在本書中反覆提及的那樣，如果一個男人把父親這個角色做為自己身分認同的核心，那麼他就有了一個堅實的基礎，在此基礎上他能和兒子一起領悟到：什麼才是廣義的「男子氣概」。一個男人，若能對兒子和他人提供關愛，對此不閃躲不羞愧，那麼他根本無須激烈地捍衛自己的「男子氣概」。因為大寫的男人，既珍視連結，又強調自主；在接受自己和他人之脆弱、柔軟和依賴的同時，也有能力獲得力量感、權威性以及相互依附的關係。

一言以蔽之，他們可以把男性化和女性化視為一個具有流動性的連續體，每個人都可在此間遊走，而不是兩種有你就沒我的極端化存在方式。這人世間的兩種性別，和它們分別代表的存在方式，本就你中有我我中有你。我相信一個男人立於天地之間，這內心世界有你無我的兩極化挑戰可能比任何其他挑戰都要來得嚴峻，來得直接。但我也相信，大寫的男人，終有一天可以獲得詩人華特．惠特曼所描述的這種智慧：

我自相矛盾嗎？
那很好……我就是自相矛盾；
因為我大，故能涵容眾多。[5]

致謝

這麼多年來，我一直在腦海中醞釀寫這本書的想法。在過往的歲月中，我一直試圖理解男性、男子氣概、為父之道，以及父親和兒子這兩個角色的各個面向。

我深深地感謝我親愛的朋友兼同事傑瑞·夏皮羅（Jerry Shapiro）。在過去的三年裡，他陪我經歷了很多。我們私底下分享了許多感受和思考，這才促成了這本書的誕生。在編輯方面，傑瑞也慷慨地給出了許多寶貴的建議和鼓勵，他建議我針對更廣大的讀者來寫這本書。我要感謝一些熟識的精神分析同事兼朋友，尤其是史蒂文·阿克塞羅德（Steven Axelrod）、黛安·艾莉斯（Dianne Elise）、艾倫·史皮瓦克（Alan Spivak）、彼得·沃爾森（Peter Wolson）和赫莉奧特·懷爾（Harriet Wrye）。他們給了我靈感和啟發，多年來我們之間的對話激發了我的原創性想法，同時也完善了我的思考。還有最重要的，我想表達對我的妻子、我最親密的朋友琳達難以言喻的感謝。她一直全力支持著我的工作，閱讀手稿並指出手稿中的不足之處。她不斷挑戰我，唯有一個充分可靠和充滿愛的伴侶，才可以做到這些。

我要感謝洛杉磯精神分析研究院暨學會（Los Angeles Institute and Society for Psychoanalytic Studies）諸多同事（學生和被督導者、教師和導師、朋友、支持者和反對者），他們讓我在深入瞭解人類複雜性的道路上保持活力並繼續前行。如果不對我在心理學寫作上的「前輩」表示感激，那便是我的失職。尤其是兩位史丹佛大學的指導教授——菲利普・金巴多（Philip Zimbardo）和已故的歐尼斯特・希爾格（Ernest Hilgard）。另外，在父性養育及男性發展研究方面，眾多精神分析學者都對我有著深刻的影響，尤其是許多當代精神分析思想家。這些精神分析思想家包括傑西卡・班傑明（Jessica Benjamin）、彼得・布洛斯（Peter Blos）、喀爾文・柯拉盧梭（Calvin Colarusso）、愛琳・法斯特（Irene Fast）、詹姆斯・赫佐克（James Herzog）、威廉・波拉克（William Pollack）、凱爾・普魯厄特（Kyle Pruett）和約翰・蒙德・羅斯（John Munder Ross）。

我尤其感謝以下這些「真誠的男人」（Los Hombres Sinceros）：索爾・布朗（Saul Brown）、丹・明頓（Dan Minton）、羅伯特・莫拉迪（Robert Moradi）和鮑勃・祖迪克（Bob Tzudiker）。我們在十五年的歲月裡曾一起分享智慧與幽默，彼此信任，真誠以待。除此之外，還有幾個人也默默地幫助我「孕育」了這本書。艾倫・霍茨曼（Alan Holtzman）鼓勵我從專業寫作中挖掘出能夠直接影響到父親、母親和兒子的內容；已故的傑夫・比恩（Jeff Beane）讓我對男同性戀者面臨的問題有了更深入的理解；馬蒂・格林伯格（Marty

Greenberg）（十年前我曾與他一起編輯過一篇文章）幫我找到一種語言來表達成為一位父親的無與倫比的體驗；巴里．米勒（Barry Miller）幫我打開了我的內在世界，讓我的靈感得以茁壯成長。

我還想要感謝我的編輯，諾頓出版社（W. W. Norton）的瑪麗亞．瓜納斯凱利（Maria Guarnaschelli），她抓住了我思想中獨特的部分，其富有洞察力和創造力的指導促使這本書成為一本可以改變讀者生活的書。除此之外，我要感謝諾頓出版社的艾瑪．杜明（Emma Dumain）、羅賓．穆勒（Robin Muller）、莎拉．羅斯巴德（Sarah Rothbard）和卡崔娜．華盛頓（Katrina Washington），他們的工作十分周到，也十分專業。我的經紀人林恩．塞利格曼（Lynn Seligman）多年前就看到了這個計畫的價值，並努力使其成為現實，她的堅持是有意義的。我還要感謝蘿勃塔．伊斯萊羅夫（Roberta Israeloff）。她是一位作家，也是兩個男孩的母親。她能「感受到」我的想法，在本書的寫作過程中她一直與我緊密合作，她幫助我對我的臨床工作和個人體驗進行詳細的闡述，和我建立了一個寬闊的溝通管道。

還有很多人，我無法經由寫出他們的姓名以表感謝：我的個案、被督導者、熟人、陌生人以及朋友，他們的經歷成就了我對本書主題的理解，我承諾過我會以匿名的方式來保護他們的隱私。沒有這些人，就沒有《爸道：影響一生的父子關係》這本書。

最後，也是最特殊的，我想對我的孩子瑪雅和艾利克斯表達我的感謝，還有我已故的父親莫．戴蒙德，我感謝他把對孩子的愛放在其生活的中心位置，這也激勵著我去做同樣的事情。感謝他留給我的「遺產」，讓我能夠允許我的孩子不斷提醒我：只有父愛本身是不夠的，我們必須不斷用理解、權威、謙遜、耐心、努力和耐受不確定性的勇氣，使這份父愛持續在場。

註釋

題詞

1. Plato, Republic, trans. H. D. Lee (New York: Penguin, 1955), p. 52.

引言

1. 「被遺忘的父親」這個術語初見于約翰．蒙德．羅斯（John Munder Ross）的論文，參見〈Fathering: A review of some psychoanalytic contributions on paternity〉（*International Journal of Psychoanalysis*, 60 (1979): 317-28）。而我接下來在自己的論文中引用了這個術語，參見〈Becoming a Father: A psychoanalytic perspective on the forgotten parent〉（*Psychoanalytic Review*, 73 (1986): 445-68）。
2. 雖然本書主要聚焦傳統家庭中的男性，但是本書探討的父子議題適用於所有類型的父親——養父、繼父、老來得子的父親、單親父親，以及代理父親，還包括非傳統關係中的父親，如同性戀父親、家庭主夫和做為主要撫育者的父親。我的臨床觀察表明：養育兒子過程中的核心挑戰，以及父子之間終身的相互影響在相當廣泛的家庭結構中適用。再者，我並非認為在養育兒子的過程中父親的角色比母親重要。實際上，母親在兒子的發展過程中扮演著關鍵角色，而且很多時候她們可以在沒有男性伴侶參與的情況下成功地養育男孩。正如家庭治療師奧爾加・西爾弗斯坦（Olga Silverstein）和拉什巴姆（B. Rashbaum）在她們的作品中所表明的那樣，參見《The Courage to Raise Good Men》（New York: Viking Press, 1994），還有德雷克斯勒（P. Drexler）的《Raising Boys Without Men》（Emmaus, PA: Rodale Press, 2005）。

3. K.D. Pruett, *Fatherneed: Why Fathercare is as Essential as Mothercare for Your Child* (New York: Free Press, 2000).

4. 感興趣的讀者可能想要瞭解我已發表的原創性研究作品（按發表時間排列）：M. J. Diamond, "Becoming a Father: A psychoanalytic perspective on the forgotten parent,"*Psychoanalytic Review*, 73 (1986): 445-68; "Creativity Needs in Becoming a Father,"*Journal of Men's Studies*, 1 (1992): 41-45; "Someone to Watch Over Me: the father as the original protector of the mother-infant dyad," *Psychoanalysis and*

Psychotherapy, 12(1995): 89-102; "Boys to Men: The maturing of masculine gender identity through paternal watchful protectiveness," *Gender and Psychoanalysis*, 2 (1997): 443-68; "Fathers with Sons: Psychoanalytic perspectives on 'good enough' fathering throughout the life cycle," *Gender and Psychoanalysis*, 3 (1998): 243-99; "Accessing the Multitude Within: A psychoanalytic perspective on the transformation of masculinity at mid-life," *International Journal of Psychoanalysis*, 85 (2004): 45-64; "The Shaping of Masculinity: Revisioning boys turning away from their mothers to construct male gender identity," *International Journal of Psychoanalysis*, 85 (2004):359-80; and "Masculinity Unraveled: The roots of male gender identity and the shifting of male ego ideals throughout life,"*Journal of the American Psychoanalytic Association*, 54 (2006): 1099-130.

5. 這絕不是說我們忽略了本書女性讀者的重要性。這本書將會使得女性更加理解男性——無論這些男性是她們的丈夫、兒子還是父親。我個人也希望女性在學習指導和支持兒子的旅途中，和所有這些關鍵男性的關係都能得到改善。總而言之，經由汲取這些智慧，男性和女性都能成為更好的父母和伴侶，以及成為自己年邁父母膝下更好的子女。

6. William Wordsworth (1802), "My heart leaps up when I behold," in *English Romantic*

Poetry, Vol. I, ed. Harold Bloom (New York: Anchor Books, 1963), p. 302.

第 1 章　積極準備：將為人父

1. Hasdai Ibn Crescas, *The Wisdom of Judaism* (c. 1230), ed. D. Salwak (Novato, CA: New World Library, 1997), p. 102.
2. 精神分析發展心理學家特雷莎・貝內德克（Teresa Benedek）創造了該術語。參見 T. Benedek, "Fatherhood and Providing," in *Parenthood*, ed. E. J. Anthony and T. Benedek (Boston: Little, Brown, 1970), pp. 167-83.
3. 精神醫學家馬丁・格林伯格（Martin Greenberg）在他的著作《The Birth of a Father》（New York: Continuum, 1985）中使用的是「全神貫注」這個術語，格林伯格先前在自己的文章中首次使用該術語，參見 M. Greenberg and N. Morris, "Engrossment: The newborn's impact upon the father," *American Journal of Orthopsychiatry*, 44 (1974): 520-31.
4. 凱爾・普魯厄特（Kyle Pruett）在自己的研究中報告了這一發現，參見 Pruett, *The Nurturing Father* (New York: Warner Books, 1987).
5. Jerrold Shapiro, *When Men are Pregnant: Needs and Concerns of Expectant Fathers*

(New York: Delta, 1987).

6.我在自己的論文中首次提出這些觀點，參見〈Creativity Needs in Becoming a Father〉，收錄於《Journal of Men's Studies》1 (1992): 41-45。

第2章　從出生到嬰兒期：一個父親的誕生

1.Sigmund Freud, "Civilization and Its Discontents" (1930) in *The Standard Edition of the Complete Psychological Works of Sigmund Freud* (London: Hogarth Press, 1961, cited hereafter as SE), Vol. XXI, pp.57-145; the quote is on p. 72.

2.Peter Wolson, "Some Reflections on Adaptive Grandiosity in Fatherhood," in *Becoming A Father: Contemporary Social, Developmental, and Clinical Perspective*, ed. J. L. Shapiro, M. J. Diamond, and M. Greenberg (New York: Springer, 1995), pp. 286-92.

3.J. J. Rousseau, *Émile* (1762), trans. A. Bloom (London: Penguin, 1991). 精神分析學家馬克・奧康奈爾（Mark O'Connell）近來指出，男性和女性在做父母準備程度上的差異乃基於這樣一個事實：相對於男性，女性的身體發展會更快更飽滿地進入性欲及生殖階段，因此這會讓她們更明確地感受到自己的母性，並且和男性相比，她們為養育做準備的時間也會早很多，參見 M. O'Connell, *The Good Father* (New York: Scribner, 2005)。

4.「夠好的母親」這個表達最早見於溫尼考特一九六〇年發表的論文〈Ego Distortion in Terms of True and False Self〉，該文在溫尼考特的著作中再版，參見溫尼考特的《The Maturational Process and the Facilitating Environment》（New York: International Universities Press, 1965），頁 140-52。而我在自己的論文中使用了「夠好的父親」這一表達並討論了其含義，參見〈Fathers with Sons: Psychoanalytic perspectives on 'good enough' fathering throughout the life cycle〉。

5.兒童精神分析學家詹姆斯·赫佐克（James Herzog）首次提出「父親饑渴」這個術語，可見於與此密切相關的兩個文獻，參見 J. M. Herzog, "On Father Hunger: The Father's Role in the Modulation of Aggressive Drive and Fantasy," in *Father and Child*, ed. S. H. Cath, A. R. Gurwitt, and J. M. Ross (Boston: Little, Brown, 1982), pp. 163-74 以及 J. M. Herzog, *Father Hunger* (Hillsdale, NJ: Analytic Press, 2001)。發展心理學研究者邁克·蘭姆（Michael Lamb）和羅布·博爾科維茨（Rob Palkovitz）就父親對兒子（以及女兒）的影響這一議題提供了全面的文獻綜述。現有證據一致表明，參與度和情感投入程度低的父親，會對男孩產生極負面的影響。一般而言，這種男孩尤其會在自我控制、自尊、認知能力、自我情緒調節、男子氣概、同理心、學校表現、社交技能以及整體健康等方面受到消極影響，參見 M. E. Lamb, "Fathers and Child Development: An Integrative Overview," in *The Role of the Father in Child Development*, ed. M. E. Lamb (New York: John Wiley, 1981), pp.1-70; M. E. Lamb, "Fathers and Child Development: An Introductory Overview," in *The Role of the Father in Child Development*, 3rd edn., ed. M. E. Lamb (New York: John Wiley, 1997), pp. 1-18; and R. Palkovitz, "Involved Fathering and Child Development: Advancing Our Understanding of Good Fathering," in *Handbook of Father Involvement: Multidisciplinary Perspectives*, ed. C. S.Tamis Le Monda and N. Cabrera (Mahwah, NJ: Erlbaum, 2002), pp.119-40.

6.我在論文〈Boys to Men: The maturing of masculine gender identity through paternal watchful protectiveness.〉中引入了「警覺的守護者」這一術語。

7.David Gilmore, *Manhood in the Making: Cultural Concepts of Masculinity* (New Haven, CT: Yale University Press, 1990), p. 230.

8.Jeffrey Masson, *The Emperor's Embrace: Reflections on Animal Families and Fatherhood* (New York: Pocket Books, 1999), pp.199-200.

9.約翰．鮑比（John Bowlby）很好地闡述了這一觀點，參見《A Secure Base》（New York: Basic Books, 1988）一書。

10. 溫尼考特首次使用該術語並令人信服地說明了其重要性，參見 D. W. Winnicott, "Primary Maternal Preoccupation," in D. W. Winnicott's *Collected Papers: Through Pediatrics to Psycho-Analysis* (New York: Basic Books, 1958), pp. 300-05.

11. 我在自己的專題論文中討論了這一證據，參見〈Fathers with Sons: Psychoanalytic perspectives on 'good enough' fathering throughout the life cycle〉，在該文的頁252-253我討論了這些研究。另外，詹姆斯．赫佐克也對此議題進行了廣泛的探討，見本章註釋5。

12. Benedek, "Fatherhood and Providing," in *Parenthood*, pp. 167-83.

13. 參見 Bowlby, *A Secure Base*.

14. 詹姆斯．赫佐克認為，新生兒出生大約三個月後，妻子經常會需要自己的丈夫在「陪伴和照顧」的過程中維持其性欲的成分，儘管做為一個母親她希望自己的丈夫保持在「沒有性欲的狀態中以取悅孩子」（p. 66），參見 J. Herzog, "What Fathers Do and How They Do It," in *What Do Mothers Want?*, ed. S.F. Brown (Hillsdale, NJ: Analytic Press, 2005), pp. 55-68.

15. 精神分析師們認為，一個孩子能夠形成自己雙親即父母的組合表徵，是極為重要的。克萊恩學派的分析師隆納德．布立頓（Ronald Britton）把這種情形命名為「三角空間」，詹姆斯．

赫佐克則稱之為「三元現實」。男孩把母親和父親聯繫在一起形成潛意識的內在父母表徵，會讓他體驗到自己是被父母雙方一起關心著的（而非被其中一方出於自己的需要而關心著），同樣這也是兒子接下來的伊底帕斯階段健康發展的前提條件。參見 R. Britton, "The Missing Link: Parental Sexuality in the Oedipus Conflict," in *The Oedipus Conflict Today*, ed. J. Steiner (London: Karnac Books, 1989), pp.83-102 以及 J. M. Herzog, "Triadic Reality and the Capacity to Love," *Psychoanalytic Quarterly*, 74 (2005): 1029-52.

第 3 章　學步期：父親把孩子帶往世間

1. 該俗語引自蓋爾．科林斯（Gail Collins）的〈A New Look at Life with Father〉，（*New York Times Magazine*, June 17, 1979）。
2. 兒童精神醫學家和精神分析師史丹利．格林斯潘（Stanley Greenspan）首次使用「第二他者」來指代做為除母親之外，對這個孩子最重要的他者之外的第二個重要他人——父親。參見 S. I. Greenspan, "'The Second Other': The Role of the Father in Early Personality Formation and the Dyadic-Phallic Phase of Development," in *Father and Child*, ed. S. H. Cath, A. R. Gurwitt, and J. M. Ross (Boston: Little Brown, 1982), pp.123-38。精神分析學家傑西卡．班傑明（Jessica Benjamin）後來發展了這個概念，她認為父親「代表

著不同」，而第二他者總是帶有父親特質，參見 J. Benjamin, *Like Subjects, Like Objects* (New Haven: Yale University Press, 1995, p. 62)。

3. D. J. Siegel, *The Developing Mind: Toward a Neurobiology of Inter-personal Experience* (New York: Guilford Press, 1999); also see D. J. Siegel, *Mindset* (New York: Bantam Books, 2006).

4. 詹姆斯．赫佐克用這些術語來分別描述父子和母子遊戲互動的偏好形式，參見 Herzog, *Father Hunger*。

5. 瑞士心理學家尚．皮亞傑（Jean Piaget）引入了「客體永久性」這個概念，參見 J. Piaget, *The Construction of Reality in the Child* (1937; New York: Bantam Books, 1954)。自我心理學家海因茲．哈特曼（Heinz Hartmann）把客體恆常性這個概念帶入了主流精神分析學界。哈特曼宣稱，若孩子無論處在何種需求狀態，他們和所愛對象的關係始終保持穩定，那麼這就意味著孩子獲得了客體恆常性。參見 Heinz Hartmann, "The Mutual Influences in the Development of the Ego and Id," in *Essays in Ego Psychology*, ed. Hartmann (1952; New York: International Universities Press, 1964), pp. 155-82.

6. Allan Schore, *Affect Regulation and the Origin of the Self: The Neurobiology of Emotional Development* (Hillsdale, NJ: Erlbaum, 1994); also see Allan Schore, *Affect*

Disregulation and Disorders of the Self (New York: W. W. Norton, 2003).

7. 遺憾的是，很多小女孩被鼓勵著成為他人欲望的「對象」，卻感到自己沒資格要任何東西，見傑西卡．班傑明的著作《The Bonds of Love》（New York: Pantheon Books, 1988, pp. 85-132），這對女性發展、以及女性最終的成就意識和野心發展具有深遠的影響。雖然這並非本書的重點，但女兒若想獲得健康的欲望和主體性，父親同樣也在其間扮演一個關鍵角色。

第 4 章　童年早期：父親把伊底帕斯階段的男孩領進男人的世界

1. Tanakh, *The Holy Scriptures*, Proverbs 22:6 (Philadelphia: Jewish Publication Society), p. 1320.

2. 參見下述文章：R. Greenson, " Disidentifying from Mother: Its special importance for the boy," *International Journal of Psychoanalysis*, 49 (1968): 370-74; R. J. Stoller, *Sex and Gender*. Vol. I: *The Development of Masculinity and Femininity* (London: Hogarth Press, 1968); I. Fast, "Aspects of Early Gender Development: Toward a reformulation," Psychoanalytic Psychology, 7 (Suppl.) (1990): 105-17; S. D. Axelrod, "Developmental Pathways to Masculinity: A reconsideration of Greenson's 'Disidentifying from Mother,'" *Issues in Psychoanalytic Psychology*, 19 (1997): 101-15;

W. S. Pollack, *Real Boys: Rescuing Our Sons from the Myths of Boyhood* (New York: Random House, 1998); and Diamond, "The Shaping of Masculinity: Revisioning boys turning away from their mothers to construct male gender identity."

3. 一些精神分析學家認為，在男孩接下來的潛伏期，父親的積極參與也是必要的，它可以讓男孩前伊底帕斯和伊底帕斯期的性心理發展得以延續，參見 R. Edgcumbe and M. Burgner, "The PhallicNarcissistic Phase," *Psychoanalytic Study of the Child*, 30 (1975): 161-80, and L. J. Schalin, "Phallic Integration and Male Identity Development: Aspects of the importance of the father relation to boys in the latency period," *Scandinavian Psychoanalytic Review*, 6 (1983): 21-42.

4. 發展心理學家艾莉諾・麥科比（Eleanor Maccoby）在多篇論文中表明：男孩從很小的年齡開始就知道跨性別行為是一種禁忌。相比之下，六～七歲的女孩，其性別意識會穩定下來且終生保持不變。她們明白無論多麼頻繁地表達跨性別態度和表現出跨性別行為，自己仍是一個女生。參見 E. E. Maccoby, *The Two Sexes: Growing Apart, Coming Together* (Cambridge, MA: Harvard University Press, 1998) 以及 E. E. Maccoby and C. Jacklin, *The Psychology of Sex Differences*, Vol. 1 (Palo Alto, CA: Stanford University Press, 1976).

5.芬蘭精神分析師韋莎・曼尼寧（Vesa Manninen）和心理學家、精神分析師史蒂芬・迪卡（Stephen Ducat）對於陽具崇拜的誘惑性力量的討論尤其具有啟發性。參見 V. Manninen, "The Ultimate Masculine Striving: Reflexions on the psychology of two polar explorers," *Scandinavian Psychoanalytic Review*, 15 (1992):1-26; V. Manninen, "For the Sake of Eternity: On the narcissism of fatherhood and the father-son relationship," *Scandinavian Psychoanalytic Review*, 16 (1993): 35-46; and S. J. Ducat, *The Wimp Factor: Gender Gaps, Holy Wars, and the Politics of Anxious Masculinity* (Boston: Beacon Press, 2004)。另外，芬蘭分析師拉斯－約翰・沙林（Lars-Johan Schalin）區分出了健康且具有適應性的陽具崇拜，以及病態防禦性質的崇拜，尤其是帶有身體穿透欲的陽具崇拜，參見 Schalin, "On Phallicism: Developmental aspects, neutralization, sublimation and defensive phallicism," *Scandinavian Psychoanalytic Review*, 12 (1989): 38-57.

6.精神分析師史蒂文・克魯格曼（Steven Krugman）把這種轉變稱為「側重點的變化」而非「危險的飛躍」，參見 S. Krugman, "Male Development and the Transformation of Shame," in *The New Psychology of Men*, ed. R. F. Levant and W. S. Pollack (New York: Basic Books, 1995), pp. 91-126 (quote on p.109).

7. J. M. Ross, "Oedipus Revisited: Laius and the 'Laius Complex,'" *Psychoanalytic Study of the Child*, 37 (1982): 169-200.
8. Pat Conroy, *The Great Santini* (New York: Houghton Mifflin, 1976).
9. 參見 S. Osherson, *Finding Our Fathers* (New York: Free Press, 1986).

第 5 章　童年中期：鼓勵孩子擁有掌控力、勝任心以及驕傲感

1. David Crosby, Stephen Stills, Graham Nash, and Neil Young, "Teach Your Children," *Déjà vu*, Atlantic Records, 1970.
2. Sigmund Freud, "Three Essays on the Theory of Sexuality" (1905), in *SE*, Vol. VII, pp.123-243; also see S. Freud, "The Dissolution of the Oedipus Complex" (1924), in Vol. XIX, pp. 171-79.
3. 見丹・金德倫（Dan Kindlon）和邁克・湯普森（Michael Thompson）的著作 *Raising Cain: Protecting the Emotional Life of Boys* (New York: Ballantine Books, 1999)。另外，心理學家蘇珊・貝爾納黛特 - 夏皮羅（Susan Bernadette-Shapiro）及其同事發現，學齡期男孩的同理心發展與他們和父親相處的時間直接相關，參見 S. Bernadette-Shapiro, D. Ehrensaft, and J. L. Shapiro, "Father Participation in Childcare and the Development

of Empathy in Sons: An empirical study," *Family Therapy*, 23 (1996): 77-93。這些作者假設：因為父親的積極參與，男孩會發展出更安全的男性身分認同，因此會更少防禦自身「女性化」的部分，比如同理心，這和我的觀點是一致的，見此論文第88頁。

4. 參見 Pollack, *Real Boys: Rescuing Our Sons from the Myths of Boyhood*.

5. 參見 Herzog, *Father Hunger*.

6. 參見 Erik H. Erikson, *Identity, Youth, and Crisis* (New York: W. W. Norton, 1968).

7. 這一「陽具整合」過程部分取決於一個被仰視的父親的積極參與。通過認同自己現實中的父親，男孩的自我理想會失去其性器－誇大特質，從而為耐受生而為人的缺點留下空間。參見 Schalin, "Phallic Integration and Male Identity Development."

8. Anonymous, "A tiny poem to my Dad," in P. Blos, *Son and Father: Before and Beyond the Oedipus Complex* (New York: Free Press, 1985), p. 55.

9. J. Rumi, *Open Secret: Versions of Rumi*, trans. J. Moyne and C. Barks (Putney, VT: Threshold Books, 1984), p. 15.

10. 參見 Carol Gilligan, *In a Different Voice* (Cambridge, MA: Harvard University Press, 1982).

11. C. G. Jung, *Symbols of Transformation, Collected Works of Carl G. Jung*, Vol. V,

trans. R. F. C. Hull (Princeton, NJ: Princeton University Press, 1956), p. 261; J. Lacan, *Écrits: A Selection*, trans. A. Sheridan (1966; New York: W. W. Norton, 1977).

12. 參見 Jean Piaget, *The Origins of Intelligence in Children* (1936; New York: W.W. Norton, 1963).

第 6 章　青春期：從英雄到狗熊

1. J. D. Salinger, *The Catcher in the Rye* (New York: Bantam Books,1945), p. 214.
2. P. Blos, "The Second Individuation Process of Adolescence," *Psychoanalytic Study of the Child*, 22 (1967): 162-87.
3. 這概念為精神分析師勒華德（Hans Loewald）引用。參見 H. Loewald, "The Waning of the Oedipus Complex," *Journal of the American Psychoanalytic Association*, 27 (1979): 751-75 (the expression is introduced on p.757).
4. 研究發現請參見 D. Offer, *The Psychological World of the Teenager: A Study of Normal Adolescent Boys* (New York: Basic Books, 1969), and D. Offer, "Adolescent Development: A Normative Perspective," in *The Course of Life. Vol. II. Latency, Adolescence and Youth*, ed. S. I. Greenspan and G. H. Pollock (Washington, D.C.:

National Institute of Mental Health, 1980), pp. 357-72.

5. 彼得・布洛斯（Peter Blos）在其一九六七年的論文中（見本章註釋2）闡明了這些觀點中的一部分，雖然他並沒有聚焦於父親的角色。後來他在自己的著作中亦有闡明，參見 *Son and Father: Before and Beyond the Oedipus Complex*.

6. Raymond Carver, "Bicycles, Muscles, Cigarettes," in *Where I'm Calling From: Selected Stories* (New York: Vintage Books, 1986), pp.21-33; the quoted passage is on pp.32-33.

7. Judith Viorst, *Necessary Losses* (New York: Ballantine Books, 1986), pp. 159, 167.

第7章　成年早期：在場邊指導

1. Antoine de Saint-Exupéry, *Wind, Sand, and Stars* (1939), trans. L. Galantière (New York: Harcourt, Brace & World, 1967).

2. 參見 Gail Sheehy, *New Passages: Mapping Your Life Across Time* (New York: Ballantine Books, 1995).

3. 喀爾文・柯拉盧梭（Calvin Colarusso），一位發展取向的精神分析學家，較為寬泛地界定了成年階段的三次重要分離－個體化過程（緊接著童年時期的第一次和青春期的第二次個體化），參見 C. A. Colarusso, "The Third Individuation: The effect of biological parenthood on separation-individuation processes inadulthood," *Psychoanalytic Study of the Child*, 45 (1990): 170-94; C. A. Colarusso, "Separation-Individuation Processes in Middle Adulthood: The Fourth Individuation," in *The Seasons of Life: Separation-Individuation Perspectives*, ed. S. Akhtar and S. Kramer (Northvale, NJ: Aronson, 1997), pp.73-94; and C. A. Colarusso, "Separation-Individuation Phenomena in Adulthood: General concepts and the fifth individuation," *Journal of the American Psychoanalytic Association*, 48 (2000): 1467-89.

4. 參見 D. J. Levinson et al., *The Seasons of a Man's Life* (New York: Alfred A. Knopf, 1978).

5. L. F. Baum, *The Wonderful Wizard of Oz* (1900; New York: Dover Books, 1970).

6. Viorst, *Necessary Losses*, p.234.

7. Sheehy, *New Passages: Mapping Your Life Across Time*, p. 52.

8. 參見 Erik H. Erikson, *Children and Society*, 2nd edn. (New York: W. W. Norton, 1963).

9. Phil Cousineau, "For My Father Who Never Made It to Paris," in Cousineau's *The Blue Museum: Poems* (San Francisco, CA: Sisyphus Press, 2005), pp. 60-61.

10. Sam Osherson, *Finding Our Fathers*, p. 43.

第8章　成年中期：男人對男人

1. 意第緒諺語，出自 *The Wisdom of Judaism*, ed. D. Salwak p. 101.
2. 參見 Levinson et al., *The Seasons of a Man's Life*.
3. 參見 Erikson, *Childhood and Society*.
4. Stanley H. Cath, "Grandfatherhood, A Timely Transition: The Last Relationship," in *The Course of Life*, Vol.VII: *Completing the Journey*, ed. G. H. Pollock and S. I. Greenspan (Madison, CT: International Universities Press, 1998), pp. 87-101.
5. E. H. Erikson, J. M. Erikson, and H. Q. Kivnick, *Vital Involvement in Old Age* (New York: W. W. Norton, 1986).
6. Roger L. Gould, "Transformation Tasks in Adulthood," in *The Course of Life, Vol. VI: Late Adulthood*, ed. G. H. Pollock and S. I. Greenspan (Madison, CT: International Universities Press, 1993), pp.23-68 (the quote is on p.25).
7. 我在自己的論文中提出了這些觀點，參見 "Accessing the Multitude Within: A psychoanalytic perspective on the transformation of masculinity at mid-life"。關於

進一步探討男性中年重要議題的文章，參見 E. Jacques, "Death and the Mid-life Crisis," *International Journal of Psychoanalysis*, 46 (1965): 502-14; *The Middle Years: New Psychoanalytic Perspectives*, ed. J. M. Oldham and R. S. Liebert (New Haven, CT: Yale University Press, 1989); G. H. Pollock and S. I. Greenspan, *The Course of Life, Vol. VI: Late Adulthood*; and C. A. Colarusso, "The Development of Time Sense in Middle Adulthood," *Psychoanalytic Quarterly*, 68 (1999): 52-83.

8. 萊文森（Levinson）和他的同事們發現大部分男性在人生的這個階段都會面臨這些特殊的挑戰，參見 Levinson et al., *The Seasons of a Man's Life*.

9. 雖然並非本書所聚焦的理論點，但是「移情」概念在心理動力學治療和精神分析中，指的是病人把自己對以前生活中重要人物的情緒和想法，或者自己的某種心智狀態移置或投射到治療師和分析師身上的現象。在精神分析治療當中，移情是一種處理「失敗」的父親（或母親）養育的強有力工具，它為解決或應對病人源自嬰兒期和童年期的內在衝突和發展停滯提供了契機。一位治療師如果通曉如何處理病人的移情，那麼他就可以提供一種極為有效的工具來修通病人潛意識層面上更深層的、源自童年不恰當養育的問題。這並不是「再養育」，而是一種心理建設。它可以幫助病人從不同的角度理解自己，也可以幫病人善用分析師－治療師富有技巧的洞察並將其內化，以此獲得一種不同的體驗自我的方式。

10. Bernice L. Neugarten, "Adult Personality: Toward a Psychology of the Life Cycle," in *Middle Age and Aging*, ed. Neugarten (Chicago: University of Chicago Press, 1968), pp. 137-47 (the quote is on p. 141).

第9章　老年期：父子角色反轉

1. Walt Whitman, "Song of Myself," in *Leaves of Grass* (1855; New York: Penguin, 1986), p. 40.
2. 我整理了許多著名心理學家和精神分析師關於男性晚年發展的研究結論。這些學者大都認同我在自己論文中綜述的中老年男性需面臨的任務、挑戰以及內心議題，可參見我的論文 "Accessing the Multitude Within"。另外，下面這些著作與該主題也密切相關：C. G. Jung, "The Development of Personality," in *Collected Works*, Vol. XVII (1934; Princeton, NJ: Princeton University Press, 1954), pp. 167-86; E. Jacques, "Death and the Mid-life Crisis"; Levinson et al., *The Seasons of a Man's Life*; C. A. Colarusso, "Separation-Individuation Phenomena in Adulthood: General concepts and the fifth individuation"; and S. D. Axelrod, *Work and the Evolving Self* (Hillsdale, NJ: Analytic Press, 1999).

3.Diamond, "Accessing the Multitude Within," p. 59.

4.參見 M. R. Lansky, *Fathers Who Fail* (Hillsdale, NJ: Analytic Press, 1992).

5.參見 C. A. Colarusso, "Traversing Young Adulthood: The male journey from 20 to 40," *Psychoanalytic Inquiry*, 15 (1995): 75-91.

6.參見 B. L. Neugarten and Associates, *Personality in Middle and Late Life* (New York: Atherton Press, 1964).

7.參見 Erik H. Erikson, *The Life Cycle Completed* (New York: W. W. Norton, 1982).

8.Ewald W. Busse, "Old Age," in *The Course of Life*, Vol. VII: Completing the Journey, ed. G. H. Pollock and S. I. Greenspan, pp.1-41.

9.David Gutmann, "Developmental Issues in the Masculine Mid-life Crisis," *Journal of Geriatric Psychiatry*, 9 (1976): 41-61.

10.V. Manninen, "For the Sake of Eternity: On the narcissism of fatherhood and the father-son relationship" (quote on p. 45).

11.Sigmund Freud, "Mourning and Melancholia" (1917), in *SE*, Vol. XIV, pp.237-58.

12.Joni Mitchell, "The Circle Game," *Ladies of the Canyon*, Reprise Records, 1970.

13.Tanakh, *The Holy Scriptures*, pp. 79, 82.

第10章　結語：生命的弧線

1. 這句話出自尤里比底斯的戲劇《佛理克索斯》（Phrixus），該劇本僅有殘本存世。
2. 強迫性重複指的是，個體在自己的生命歷程中不斷複製某些困難的甚至痛苦的情境，但對自己引發這些情境的責任毫無意識。佛洛伊德認為這種重複的行為（包括夢境）可以代替遭遺忘的記憶，使其無法被言語化，因此強迫性重複也是一種記憶的形式。其他分析師認為這是一種「被潛抑記憶的回歸」，它是自我的一種重要功能，人們使用此功能來調節和掌控那些未解決的潛意識材料。參見 Freud, "Beyond the Pleasure Principle" (1920), in SE, Vol. XVIII, pp.7-64. 佛洛伊德在自己的論文中首次提及此概念，參見 "Remembering, Repeating and Working Through" (1914), in Vol. XII, pp.145-56. 亦見 E. Bibring, "The Conception of the Repetition Compulsion," *Psychoanalytic Quarterly*, 12 (1940): 486-519, and H. W. Loewald, "Some Conclusions on Repetition and Repetition Compulsion," *International Journal of Psychoanalysis*, 52 (1971): 59-65.
3. Ducat, *The Wimp Factor: Gender Gaps, Holy Wars, and the Politics of Anxious Masculinity*, p. 58.
4. Philip Roth, *Patrimony* (New York: Simon & Schuster, 1991), pp. 237-38.
5. Whitman, "Song of Myself," in *Leaves of Grass*, p. 85.

心靈工坊 PsyGarden
Caring 105

爸道：影響一生的父子關係

My Father Before Me: How Fathers and Sons Influence Each Other Throughout Their Lives

著一邁克・戴蒙德（Michael J. Diamond）　譯一孫平

出版者一心靈工坊文化事業股份有限公司
發行人一王浩威　總編輯一徐嘉俊
執行編輯一裘佳慧　特約編輯一陳佳聖
內文排版一龍虎電腦排版股份有限公司
通訊地址一106 台北市信義路四段 53 巷 8 號 2 樓
郵政劃撥一19546215　戶名一心靈工坊文化事業股份有限公司
電話一02）2702-9186　傳真一02）2702-9286
Email一service@psygarden.com.tw　網址一www.psygarden.com.tw

製版・印刷一中茂分色製版印刷事業股份有限公司
總經銷一大和書報圖書股份有限公司
電話一02）8990-2588　傳真一02）2290-1658
通訊地址一242 新北市新莊區五工五路 2 號（五股工業區）
初版一刷一2025 年 2 月　初版二刷一2025 年 8 月
ISBN一978-986-357-421-7　定價一500 元

國家圖書館出版品預行編目資料

爸道：影響一生的父子關係／邁克．戴蒙德（Michael J. Diamond）著；孫平譯．
-- 初版．-- 臺北市：心靈工坊文化事業股份有限公司，2025.2
面；　公分．--（Caring；105）
譯自：My Father Before Me: How Fathers and Sons Influence Each Other Throughout Their Lives
ISBN 978-986-357-421-7（平裝）

1. CST：父親　2. CST：親子關係　3. CST：家庭關係

544.141　　114000244

心靈工坊 PsyGarden 書香家族 讀友卡

感謝您購買心靈工坊的叢書，爲了加強對您的服務，請您詳填本卡，
直接投入郵筒（免貼郵票）或傳眞，我們會珍視您的意見，
並提供您最新的活動訊息，共同以書會友，追求身心靈的創意與成長。

書系編號—Caring105　　書名—爸道：影響一生的父子關係

姓名　　是否已加入書香家族？ □是 □現在加入

電話 (O)　(H)　手機

E-mail　生日　年　月　日

地址 □□□

服務機構　職稱

您的性別—□1.女 □2.男 □3.其他

婚姻狀況—□1.未婚 □2.已婚 □3.離婚 □4.不婚 □5.同志 □6.喪偶 □7.分居

請問您如何得知這本書？

□1.書店 □2.報章雜誌 □3.廣播電視 □4.親友推介 □5.心靈工坊書訊
□6.廣告DM □7.心靈工坊網站 □8.其他網路媒體 □9.其他

您購買本書的方式？

□1.書店 □2.劃撥郵購 □3.團體訂購 □4.網路訂購 □5.其他

您對本書的意見？

□ 封面設計　1.須再改進 2.尚可 3.滿意 4.非常滿意
□ 版面編排　1.須再改進 2.尚可 3.滿意 4.非常滿意
□ 內容　1.須再改進 2.尚可 3.滿意 4.非常滿意
□ 文筆／翻譯　1.須再改進 2.尚可 3.滿意 4.非常滿意
□ 價格　1.須再改進 2.尚可 3.滿意 4.非常滿意

您對我們有何建議？

□本人同意＿＿＿＿＿＿（請簽名）提供（真實姓名/E-mail/地址/電話/年齡/等資料），以作為心靈工坊（聯絡/寄貨/加入會員/行銷/會員折扣/等之用，詳細內容請參閱http://shop.psygarden.com.tw/member_register.asp。

廣 告 回 信
台北郵政登記證
台北廣字第1143號
免 貼 郵 票

心靈工坊 PsyGarden

10684台北市信義路四段53巷8號2樓

讀者服務組 收

免 貼 郵 票

（對折線）

加入心靈工坊書香家族會員
共享知識的盛宴，成長的喜悅

請寄回這張回函卡（免貼郵票），
您就成爲心靈工坊的書香家族會員，您將可以——

⊙隨時收到新書出版和活動訊息

⊙獲得各項回饋和優惠方案